よくわかるFPシリーズ

合格テキスト

FP技能士1級

1 ライフプランニングと資金計画・リスク管理

TAC FP講座 編

はじめに

日常生活に役立つ知識を幅広く得られる資格、それがFP資格です。銀行、証券会社、保険会社等の金融業界や、不動産業界などでは、FP技能士２級は必須といわれるほど浸透した資格となりました。２級まで取得された方は、学習以前と比べて視野が広がったことを実感されているでしょう。

FPの資格が活かせるのは、金融業界に限りません。独立してFP事務所を構え、お金の相談にかかわっていくためには、やはり、１級レベルの知識が必要になってきます。学習した知識が実務に直結する、それがFP技能士１級なのです。

FP技能士１級試験では、「基礎編」と「応用編」が出題されますが、本書「ライフプランニングと資金計画・リスク管理」の分野からは、「応用編」での出題はありません。そのため、「基礎編」で確実に点数がとれるための学習が求められます。一方で、非常に細かい内容が問われることも多く、その対策は一筋縄ではいきません。本書では、過去に本試験で出題された知識をベースとして、コンパクトでわかりやすくまとめているため、１級で必要な知識を身につけるには十分な量を掲載しています。

本書を最大限に活用することで、FP技能士１級合格をつかみとり、将来の夢の実現につながることを心より祈念いたします。

2024年５月

TAC　FP講座

本書の特長・利用方法

PICK UP 1

出題傾向・全体像

章扉のページに過去６回分の出題状況を示してあります。出題されたテーマには☆印がついているので、重点的に学習しましょう。

重要論点を確認し、学習内容を把握しておきましょう。

第1章

FPと職業倫理・関連法規

過去の出題状況	2022.5	2022.9	2023.1	2023.5	2023.9	2024.1
関連法規	☆			☆		☆

1．FPと職業倫理・関連法規の関係

FPは他の専門職の領域を侵すことなく職業倫理についても遵守しなければならない。

2．職業倫理

FPは顧客利益を優先し、顧客の保護のために守らなければならない職業倫理がある。

3．関連法規

FPは他の専門職の領域を侵すことなく、専門家と協力しながら業務を遂行しなければならない。

PICK UP 2

図表・重要公式

本試験で計算問題を解く際に重要となる公式には色付きのアミをかけて強調しています。

図表や資料を多用して説明をわかりやすくまとめ、視覚的にもスムーズに理解できるようにしました。

2 ソルベンシー・マージン比率と早期是正措置

ソルベンシー・マージン比率とは、通常の予測を超えて発生するリスクに対して、保険会社の保険金支払能力がどの程度確保されているのかを数値として表したものである。ソルベンシー・マージン比率が200%を下回ると、金融庁は早期是正措置を命じることができる。なお、公表が義務づけられている。

$$\text{ソルベンシー・マージン比率} = \frac{\text{ソルベンシー・マージンの総額}}{\frac{1}{2}\times\text{リスクの総額}} \times 100$$

ソルベンシー・マージン比率	区分	措置の内容
200%以上	非対象区分	なし
100%以上200%未満	第一区分	経営健全性確保のための改善計画の提出・実施の命令
0%以上100%未満	第二区分	保険金等の支払能力の充実に資する措置に係る命令
0%未満	第三区分	期限を付した業務の全部または一部の停止命令

3 基礎利益

保険料収入や保険金・事業費支払等の保険関係の収支と、利息および配当金等収入を中心とした運用関係の収支からなる。生命保険会社の基礎的な期間損益の状況を表す指標で、一般事業会社の営業利益や、銀行の業務純益に近いものである。

基礎利益＝経常利益－キャピタル損益－臨時損益

4 EV（エンベディッド・バリュー）

保険会社の企業価値や業績を評価する計算方法の1つである。

EV＝「修正純資産[※1]」＋「保有契約価値[※2]」

※1　修正純資産：貸借対照表上の純資産の部の金額に負債計上された資本性のある内部留保、資産の含み損益などを加え修正したもの。

※2　保有契約価値：前提条件（解約・失効率、死亡率、運用利回り、事業費率など）において保険契約の将来利益を予想し、計算日時点の現在価値を算出し、税金を控除したもの。

5 実質純資産額

有価証券や有形固定資産の含み損益などを反映した時価ベースの資産の合計から、資本性のない実質的な負債（価格変動準備金や危険準備金などの資本性の高い負債を

34

PICK UP 3

重要語句

重要な用語・内容を色付き文字で目立たせ、覚えるべき語句が把握しやすくなっています。

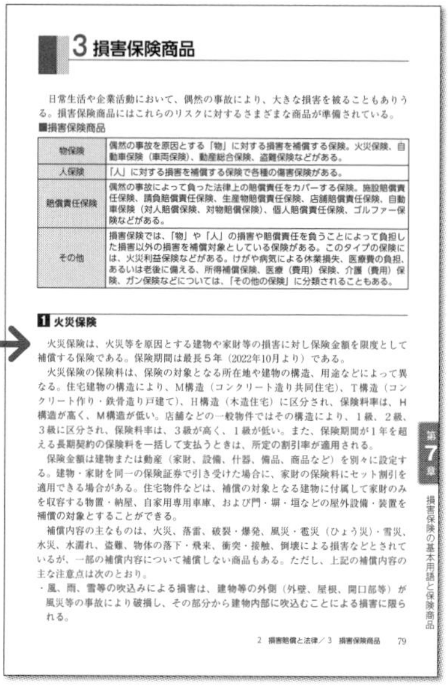

3 損害保険商品

日常生活や企業活動において、偶然の事故により、大きな損害を被ることもありうる。損害保険商品にはこれらのリスクに対するさまざまな商品が準備されている。

■損害保険商品

物保険	偶然の事故を原因とする「物」に対する損害を補償する保険。火災保険、自動車保険（車両保険）、動産総合保険、盗難保険などがある。
人保険	「人」に対する損害を補償する保険で各種の傷害保険がある。
賠償責任保険	偶然の事故によって負った法律上の賠償責任をカバーする保険。施設賠償責任保険、請負賠償責任保険、生産物賠償責任保険、店舗賠償責任保険、自動車保険（対人賠償保険、対物賠償保険）、個人賠償責任保険、ゴルファー保険などがある。
その他	損害保険では、「物」や「人」の損害や賠償責任を負うことによって負担した損害以外の損害を補償対象としている保険がある。このタイプの保険には、火災利益保険などがある。けがや病気による休業損失、医療費の負担、あるいは老後に備える、所得補償保険、医療（費用）保険、介護（費用）保険、ガン保険などについては、「その他の保険」に分類されることもある。

1 火災保険

火災保険は、火災等を原因とする建物や家財等の損害に対し保険金額を限度として補償する保険である。保険期間は最長５年（2022年10月より）である。

火災保険の保険料は、保険の対象となる所在地や建物の構造、用途などによって異なる。住宅建物の構造により、M構造（コンクリート造り共同住宅）、T構造（コンクリート作り・鉄骨造り戸建て）、H構造（木造住宅）に区分され、保険料率は、H構造が高く、M構造が低い。店舗などの一般物件ではその構造により、１級、２級、３級に区分され、保険料率は、３級が高く、１級が低い。また、保険期間が１年を超える長期契約の保険料を一括して支払うときは、所定の割引率が適用される。

保険金額は建物または動産（家財、設備、什器、備品、商品など）を別々に設定する。建物・家財を同一の保険証券で引き受けた場合に、家財の保険料にセット割引を適用できる場合がある。住宅物件などは、補償の対象となる建物に付属して家財のみを収容する物置・納屋、自家用専用車庫、および門・塀・垣などの屋外設備・装置を補償の対象とすることができる。

補償内容の主なものは、火災、落雷、破裂・爆発、風災・雹災（ひょう災）・雪災、水災、水濡れ、盗難、物体の落下・飛来、衝突・接触、倒壊による損害などとされているが、一部の補償内容について補償しない商品もある。ただし、上記の補償内容の主な注意点は次のとおり。

・風、雨、雪等の吹込みによる損害は、建物等の外側（外壁、屋根、開口部等）が風災等の事故により破損し、その部分から建物内部に吹込むことによる損害に限られる。

第7章 損害保険の基本用語と保険商品

2 損害賠償と法律／3 損害保険商品 79

PICK UP 4

チェックテスト

章末には、インプットした内容を確認できるように、〇×形式のチェックテストを掲載しています。簡潔にまとめられていますので、すばやく復習ができます。必ず解いてみましょう。

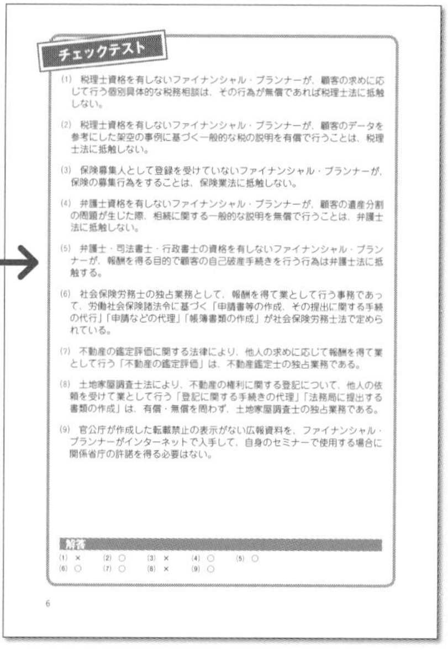

チェックテスト

(1) 税理士資格を有しないファイナンシャル・プランナーが、顧客の求めに応じて行う個別具体的な税務相談は、その行為が無償であれば税理士法に抵触しない。

(2) 税理士資格を有しないファイナンシャル・プランナーが、顧客のデータを参考にした架空の事例に基づく一般的な税の説明を有償で行うことは、税理士法に抵触しない。

(3) 保険募集人として登録を受けていないファイナンシャル・プランナーが、保険の募集行為をすることは、保険業法に抵触しない。

(4) 弁護士資格を有しないファイナンシャル・プランナーが、顧客の遺産分割の問題が生じた際、相続に関する一般的な説明を無償で行うことは、弁護士法に抵触しない。

(5) 弁護士・司法書士・行政書士の資格を有しないファイナンシャル・プランナーが、報酬を得る目的で顧客の自己破産手続きを行う行為は弁護士法に抵触する。

(6) 社会保険労務士の独占業務として、報酬を得て業として行う事務であって、労働社会保険諸法令に基づく「申請書等の作成、その提出に関する手続の代行」「申請などの代理」「帳簿書類の作成」が社会保険労務士法で定められている。

(7) 不動産の鑑定評価に関する法律により、他人の求めに応じて報酬を得て業として行う「不動産の鑑定評価」は、不動産鑑定士の独占業務である。

(8) 土地家屋調査士法により、不動産の権利に関する登記について、他人の依頼を受けて業として行う「登記に関する手続きの代理」「法務局に提出する書類の作成」は、有償・無償を問わず、土地家屋調査士の独占業務である。

(9) 官公庁が作成した転載禁止の表示がない広報資料を、ファイナンシャル・プランナーがインターネットで入手して、自身のセミナーで使用する場合に関係省庁の許諾を得る必要はない。

解答

(1) ×　(2) 〇　(3) ×　(4) 〇　(5) 〇
(6) 〇　(7) 〇　(8) ×　(9) 〇

6

FP技能士・1級試験のしくみ

1級FP技能検定　試験概要

試験実施団体	金融財政事情研究会（金財）	
試験科目と出題形式	【学科試験】	基礎編　マークシート方式による筆記試験、四答択一式 応用編　記述式による筆記試験
	【実技試験】	口頭試問形式
受検資格	①２級技能検定合格者で、FP業務に関し１年以上の実務経験を有する者、②FP業務に関し５年以上の実務経験を有する者、③厚生労働省認定金融渉外技能審査２級の合格者で、１年以上の実務経験を有する者	
試験日	【学科試験】	９月・１月・５月の年３回
	【実技試験】	６月・10月・２月の年３回
試験時間	【学科試験】	基礎編 10：00~12：30 応用編 13：30~16：00
	【実技試験】	面接開始約15分前に設例配布、各面接の１人当たり所要時間は約12分
出題数と合格基準	【学科試験】	基礎編　50問、応用編　5題、200点満点で120点以上
	【実技試験】	異なる設例課題に基づき２回面接、200点満点で120点以上

１級試験お問い合わせ先
一般社団法人　金融財政事情研究会　検定センター
https://www.kinzai.or.jp/
TEL 03-3358-0771

1級FP技能士とCFP®

・２級FP技能検定合格者で１年以上のFP実務経験を有する者
・５年以上のFP実務経験を有する者

FP技能士１級学科試験を受検・合格！

・AFP登録者
・FP協会が認めた大学で所定の単位を取得した者

CFP® 資格審査試験を受検・合格！
↓
CFP® エントリー研修
↓
３年間の実務経験要件充足・日本FP協会登録により、CFP® として認定

実技試験を受検・合格！

１級FP技能士に！

目　次

第1章
FPと職業倫理・関連法規

過去の出題状況	2022.5	2022.9	2023.1	2023.5	2023.9	2024.1
関連法規	☆			☆		☆

1．FPと職業倫理・関連法規の関係
FPは他の専門職の領域を侵すことなく職業倫理についても遵守しなければならない。

2．職業倫理
FPは顧客利益を優先し、顧客の保護のために守らなければならない職業倫理がある。

3．関連法規
FPは他の専門職の領域を侵すことなく、専門家と協力しながら業務を遂行しなければならない。

1 FPの職業倫理

1 顧客利益の優先

FPは顧客の利益を優先し、FP自身やFPと関わりのある企業の利益を優先してはならない。顧客に提案するプランは、当然、顧客の財産に関わるものなので、そのプランを実行するか否かを判断するのはあくまでも顧客であることを忘れてはならない。そのため、FPの提案したプランと顧客の希望が合致しなかった場合、そのプランを無理に通すのではなく、顧客の利益に合致するかについて十分に顧客と話し合うことが必要となる。

2 守秘義務の遵守

FPは職務上知り得た顧客情報を、顧客の同意なく第三者に漏洩してはならない。顧客の情報は他人に知られてはならないものが多く含まれており、FPの業務は顧客との信頼関係の上に成立しているため、顧客情報の守秘義務には特に留意しなければならない。

3 顧客に対する説明義務

FP業務の遂行にあたって提案を行う際は、顧客が適切な情報に基づいて意思決定できるよう、十分に説明する義務を負う。例えば、金融・不動産各種商品の性質、税金、各種法令について、顧客の十分な理解を得る必要がある。

4 インフォームド・コンセント

インフォームド・コンセントとは、正しい情報が十分に伝えられたうえで、顧客が同意することである。FPがプランニングを進めるにあたっては、現状のとらえ方や前提条件等を顧客の立場で十分に説明し、理解されたかどうかを確認しながら進めなければならない。通常、顧客はFPほど専門知識を有していないことから、常に情報の非対称性があることを意識しなければならない。。

5 コンプライアンス（法令遵守）の徹底

FPは業務領域が広範囲にわたるため、さまざまな法令遵守を徹底する必要がある。例えば、金融サービス提供法のほか、税理士法や弁護士法など関連業法にも注意が必要である。法令違反の多くは無知や過失から生じるため、FP自身のリスクマネジメントとしても、コンプライアンスの徹底が必要となる。

2 FPと関連法規

1 税理士法

FPは、顧客のあらゆるデータを基にライフプランニングを行うにあたり、税金の分野を無視できない。税理士でないFPは、税務の専門家である税理士の職域を認識する必要がある。

税理士の業務は、税理士法の中で**「税務代理行為」「税務書類の作成」「税務相談」**を挙げている。

税理士資格のないFPが、**「業として行う税務相談※」**は税理士法違反となる。個別具体的な税務質問に答えることは、税理士の専門領域である「業として行う税務相談」に抵触するおそれがあることを忘れてはならない。

※「業として行う税務相談」とは、「税務代理行為」「税務書類の作成」「税務相談」を反復継続して行い、または反復継続して行う意思をもって行うことをいう。この行為は、営利目的の有無、有償・無償は問わないこととされている。

よって、FPは、顧客のデータを参考にしつつ、具体的な数値から離れた仮定の金額を用いた税のプランニングに留める必要がある。

FPが行える範囲としては、**一般的な情報・資料の提供や相談、講演等**がある。

2 弁護士法

弁護士の職域は、具体的な権利義務関係全般にわたる非常に広いものである。弁護士でないFPは、**具体的な法律事件（一般の法律事務）についての相談、判断、アドバイスはできない。**

法律判断を必要とする事案について、弁護士資格のないFPは一般的な回答に留め、その後の判断や処理手続きは弁護士に任せる必要がある。

一方、**一般的な説明の範囲で相談を行うことは可能である。**また、任意後見契約を公正証書で締結することも抵触しない。

3 社会保険労務士法

公的年金額の計算や各種社会保険の知識は、FPにとって不可欠であり、公的年金の受給見込み額の計算や知識を活用したライフプランニングを行うことは可能である。

一方、業として行う事務であって、労働社会保険諸法令に基づく**「申請書類の作成、その提出に関する手続きの代行」「申請等の代理」「帳簿書類の作成」**などは社会保険労務士の独占業務として社会保険労務士法で定められている。

4 司法書士法

司法書士の独占業務の代表的なものとして、不動産の「**権利に関する登記**」が該当し、業として行う「**登記に関する手続きの代理**」「**法務局に提出する書類の作成**」は有償・無償を問わず司法書士法において司法書士の独占業務とされている。

5 土地家屋調査士法

不動産の「**表題登記**」について必要な「土地または家屋に関する調査・測量」のうえ「**登記申請手続きの代理**」等が土地家屋調査士法において土地家屋調査士の独占業務として定められている。

6 不動産の鑑定評価に関する法律

他人の求めに応じて報酬を得て業として行う「**不動産の鑑定評価**」は、不動産鑑定士の独占業務として不動産の鑑定評価に関する法律で定められている。

7 金融商品取引法

金融資産の運用設計について相談されることがある。その中でも有価証券を用いた運用に際しては、金融商品取引業として「**投資助言・代理業**」「**投資運用業**」との境界が問題となる。これらは内閣総理大臣の登録を受けることが必要である。

金融商品取引法は、有価証券の価値や金融商品の価値などの分析に基づく投資判断について報酬を得て助言を行う契約を「**投資顧問契約**」とし、この契約に基づいて助言を業として行うことを「投資助言・代理業」としている。

また、投資一任契約を締結し、この契約に基づいて金融商品の価値などの分析を行い、運用を業として行うことを「**投資運用業**」としている。

例えば、金融商品取引業者として登録を受けていないFPが、顧客から株式投資のアドバイスを求められ、株価チャートを示して投資のタイミングや個別銘柄の選定などを有償で助言してはならない。

したがって、「投資助言・代理業」「投資運用業」でないFPは、有価証券などのポートフォリオのプランニングを業として行うことはできない。

一方、一般的な経済情勢、景気動向、企業業績、金融商品の仕組みなどの説明を行うことは可能である。

8 保険業法

保険募集人※として登録していないFPは、保険業法に規定された内容を十分に把握する必要がある。保険募集人であるFPが保険などの募集をする際にも注意する必要があるといえる。

例えば、FPが顧客のプランニングに際し保障額や保険商品について説明を求められることはよくあることだが、**保険募集人の登録をしていないFPは、保険契約の募集・勧誘を目的とした商品の説明**をすることはできない。

一方、必要保障額の計算や保険商品の**一般的な**仕組み、活用法の説明、講演を行うことは可能である。

※　生命保険募集人、損害保険代理店または少額短期保険募集人（特定少額短期保険募集人を除く）

9 官公庁が作成した資料

官公庁が作成した広報資料は、転載禁止の旨がある場合を除き、許可を得ることなく使用しても著作権法上の問題はない。

チェックテスト

(1) 税理士資格を有しないファイナンシャル・プランナーが、顧客の求めに応じて行う個別具体的な税務相談は、その行為が無償であれば税理士法に抵触しない。

(2) 税理士資格を有しないファイナンシャル・プランナーが、顧客のデータを参考にした架空の事例に基づく一般的な税の説明を有償で行うことは、税理士法に抵触しない。

(3) 保険募集人として登録を受けていないファイナンシャル・プランナーが、保険の募集行為をすることは、保険業法に抵触しない。

(4) 弁護士資格を有しないファイナンシャル・プランナーが、顧客の遺産分割の問題が生じた際、相続に関する一般的な説明を無償で行うことは、弁護士法に抵触しない。

(5) 弁護士・司法書士・行政書士の資格を有しないファイナンシャル・プランナーが、報酬を得る目的で顧客の自己破産手続きを行う行為は弁護士法に抵触する。

(6) 社会保険労務士の独占業務として、報酬を得て業として行う事務であって、労働社会保険諸法令に基づく「申請書等の作成、その提出に関する手続の代行」「申請などの代理」「帳簿書類の作成」が社会保険労務士法で定められている。

(7) 不動産の鑑定評価に関する法律により、他人の求めに応じて報酬を得て業として行う「不動産の鑑定評価」は、不動産鑑定士の独占業務である。

(8) 土地家屋調査士法により、不動産の権利に関する登記について、他人の依頼を受けて業として行う「登記に関する手続きの代理」「法務局に提出する書類の作成」は、有償・無償を問わず、土地家屋調査士の独占業務である。

(9) 官公庁が作成した転載禁止の表示がない広報資料を、ファイナンシャル・プランナーがインターネットで入手して、自身のセミナーで使用する場合に関係省庁の許諾を得る必要はない。

解答

(1) ×	(2) ○	(3) ×	(4) ○	(5) ○
(6) ○	(7) ○	(8) ×	(9) ○	

第2章

ライフプランの手法

過去の出題状況	2022.5	2022.9	2023.1	2023.5	2023.9	2024.1
係数の活用		☆	☆		☆	☆

1. ライフプランとファイナンシャル・プランニング

人生の三大資金は住宅取得資金、教育資金、老後資金である。

2. ファイナンシャル・プランニング

ライフプランニングのうち、経済プランについて定義したものを狭義のライフプランニングという。

3. ライフプランの手法

資金運用をするうえでは、運用成果を考慮した係数表を活用することができる。

1 ライフプランニングの手法

1 係数の活用

ライフプランニングを行う際に、目標資金達成のために、毎年の積立額や、取り崩していく金額などについての様々なシミュレーションが必要とされる。このようなときに電卓一つで計算するために使用されるのが6つの係数である。

知りたい金額 ＝ 元となる金額 × 係数
知りたい金額 ＝ 元となる金額 ÷ 逆数となる係数

① **終価係数**：現在の額から将来の額を求めるときに使用する。

↕ 逆数

② **現価係数**：将来の額から現在の必要な額を求めるときに使用する。

③ **年金終価係数**：毎年の積立額から将来の元利合計を求めるときに使用する。

↕ 逆数

④ **減債基金係数**：将来の目標額を貯めるために毎年の積立額を求めるときに使用する。

⑤ **年金現価係数**：希望する年金額（引出額、取崩し額）を受け取るために必要な年金原資を求めるときに使用する。

↕ 逆数

⑥ **資本回収係数**：現在の額を運用しながら受け取れる年金額（引出額、取崩し額）や借入額に対する利息を含めた毎年の返済額を求めるときに使用する。

■資料　係数早見表（年率１％の場合）

	終価係数	現価係数	年金終価係数	減債基金係数	年金現価係数	資本回収係数
１年	1.010	0.990	1.000	1.000	0.990	1.010
２年	1.020	0.980	2.010	0.498	1.970	0.508
３年	1.030	0.971	3.030	0.330	2.941	0.340
４年	1.041	0.961	4.060	0.246	3.902	0.256
５年	1.051	0.951	5.101	0.196	4.853	0.206

■係数計算のケーススタディ（上記の係数早見表を使用）

①　終価係数
100万円を年利率１％で複利運用すると５年後にいくらになるか？
100万円 × 1.051 ＝ 1,051,000円

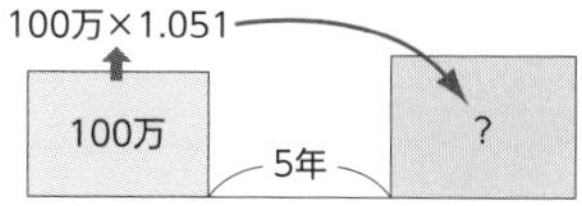

②　現価係数
年利率１％の複利運用で５年後に100万円受け取るには、今いくら必要か？
100万円 × 0.951 ＝ 951,000円

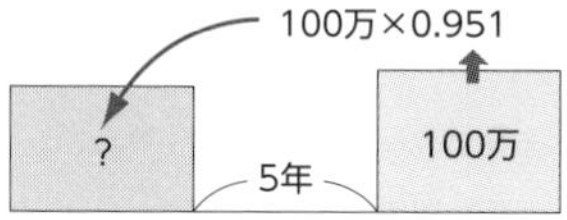

③　年金終価係数
毎年100万円を年利率１％で積み立てると、５年後はいくらになるか？
100万円 × 5.101 ＝ 5,101,000円

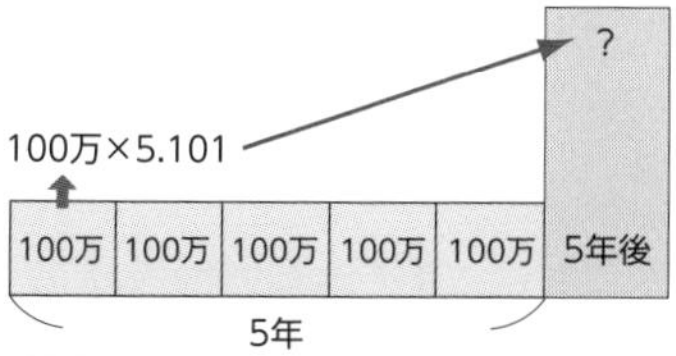

④　減債基金係数
５年後に100万円にするには、年利率１％で毎年いくら積み立てればよいか？
100万円 × 0.196 ＝ 196,000円

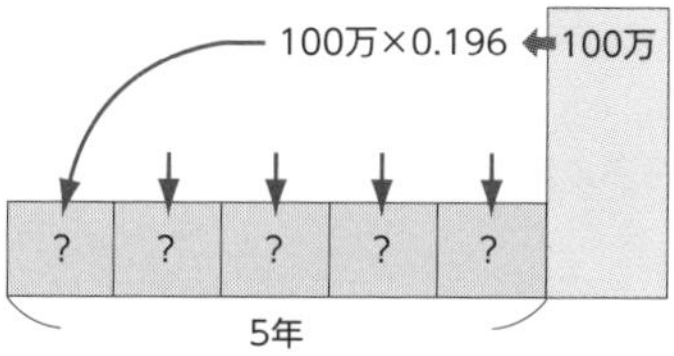

⑤　年金現価係数
毎年100万円を５年間受け取るためには、年利率１％の運用で、今いくら必要か？
100万円 × 4.853 ＝ 4,853,000円

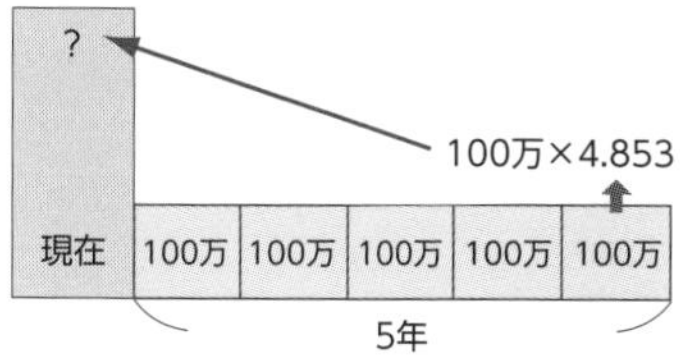

⑥　資本回収係数
100万円を年利率１％で運用しながら５年間均等に受け取ると、毎年いくら受け取れるか？
100万円 × 0.206 ＝ 206,000円

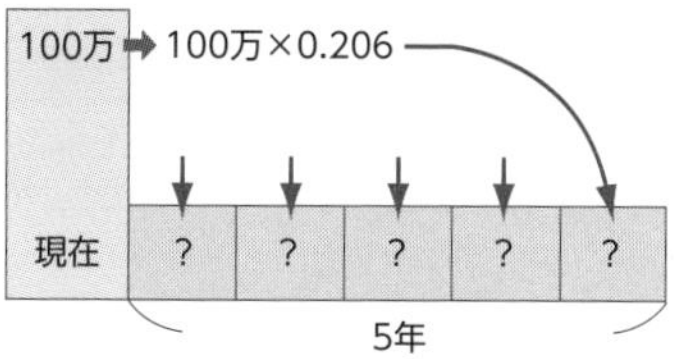

チェックテスト

係数表を使用し各問に答えなさい。円未満の端数は切り捨てるものとする。

（年率：3%）

	終価係数	現価係数	年金終価係数	年金現価係数
5年	1.1593	0.8626	5.3091	4.5797
10年	1.3439	0.7441	11.4639	8.5302
15年	1.5580	0.6419	18.5989	11.9379
20年	1.8061	0.5537	26.8704	14.8775
25年	2.0938	0.4776	36.4593	17.4131

(1) 元金1,000千円を年利率３％で複利運用した場合、10年後の元利合計額は1,343,900円となる。

(2) 年利率３％で複利運用するとき20年後に1,000千円を準備したいと考えている場合、元金553,700円があればよい。

(3) 毎年500千円の一定額を年利率３％で複利運用しながら積み立てた場合、10年後の元利合計は5,731,950円となる。

(4) 毎年一定額を、年利率３％で複利運用しながら積み立て、10年後に支払う5,000千円を用意する場合、毎年の積立金額は436,151円である。

(5) 年利率３％で複利運用しながら、毎年2,000千円を15年間受け取る場合、元金として23,875,800円が必要である。

(6) 元金2,000千円を年利率３％で複利運用しながら毎年均等に取り崩して25年間にわたって受け取る場合、毎年の受取額は114,856円である。

(7) 元金を資本回収係数で除すると、元金を複利運用しながら年金として取り崩す場合に受け取ることができる年金額が求められる。

解答

(1) ○ 1,000,000円×1.3439＝1,343,900円

(2) ○ 1,000,000円×0.5537＝553,700円

(3) ○ 500,000円×11.4639＝5,731,950円

(4) ○ 5,000,000円÷11.4639＝436,151.7……→ 436,151円
減債基金係数の逆数である年金終価係数で除して求める。

(5) ○ 2,000,000円×11.9379＝23,875,800円

(6) ○ 2,000,000円÷17.4131＝114,856.0……→ 114,856円
資本回収係数の逆数である年金現価係数で除して求める。

(7) × 年金額 ＝ 元金×資本回収係数 ＝ 元金÷年金現価係数

第3章

ライフプランと資金計画

過去の出題状況	2022.5	2022.9	2023.1	2023.5	2023.9	2024.1
住宅ローン・すまい給付		☆			☆	
教育資金			☆			☆

1．住宅取得プランニング

フラット35は、商品ごとに利用条件や金利引下げの方法が異なる。

2．教育資金プランニング

教育資金を準備する方法として、日本政策金融公庫の教育一般貸付と、日本学生支援機構の奨学金制度がある。

1 住宅取得とライフプラン

1 住宅ローンの仕組み

(1) 金利

固　定　金　利	ローン申込み時や契約時の金利が返済終了まで適用
変　動　金　利	市場金利の変動に伴って、年２回ローンの金利も変動する。返済額が増額される場合、元の返済額の1.25倍を上限に調整される
固定金利選択型	固定金利の選択期間（１～10年程度）終了後、固定金利選択型か変動金利型を選択。固定金利の選択期間が短いほど金利は一般的に低い

(2) 住宅ローンの返済方法

住宅ローンを返済方法で分類すると以下の２つに分けられる。

元利均等返済	毎回返済額（元金＋利息）が返済終了まで一定の方式 支払いが進むにつれ当初の元金返済額は大きくなり、利息返済額は小さくなる
元金均等返済	毎回返済額のうち元金部分が一定で、支払いが進むにつれ利息返済額は小さくなる＝返済額が毎回減る方式

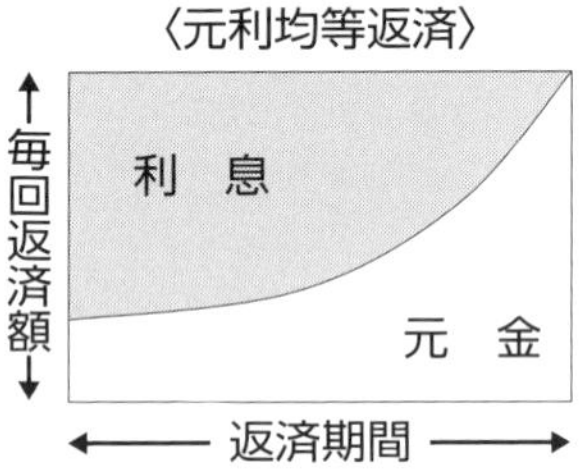

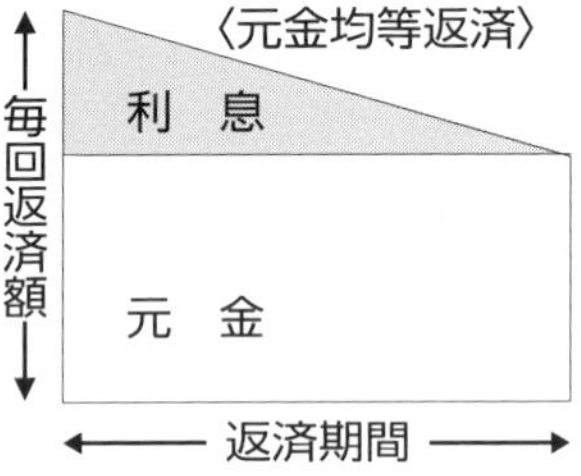

〈返済額の比較〉

	当初返済額	総返済額
元利均等返済	少ない	多い
元金均等返済	多い	少ない

(3) 繰上げ返済

通常の返済とは別に、元金の一部または全部を返済すること。繰上げ返済した元金にかかる利息が不要となり、利息の軽減とトータルの返済額の軽減が図れる。

期間短縮型	毎回の返済額は変えずに、返済期間を短縮する方法
返済額軽減型	返済期間は変えずに、毎回の返済額を少なくする方法

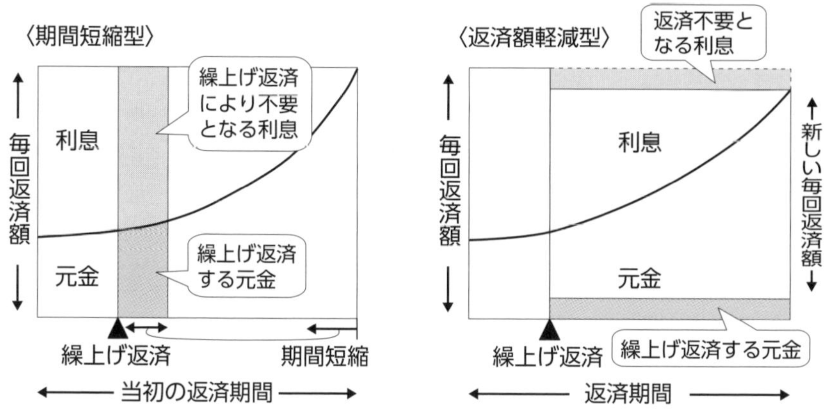

	繰上げ返済後の毎回返済額	利息軽減効果
期間短縮型	変わらない	高い
返済額軽減型	減る	低い

(4) 住宅ローンの借換え

住宅ローンの借換えとは、返済中の住宅ローンを別の新たな住宅ローンを組んで一括で返済することである。現在の住宅ローン金利より借換え後の金利を低くすることによる利息低減効果や毎回の返済額を抑えることを目的とするケースが多いが、以下の点に注意が必要である。

・住宅ローンを借りる際の諸費用が再度必要となる。
・変動金利へ借り換える場合、金利上昇リスクを考慮する必要がある。
・返済期間を延長することにより毎回返済額が少なくなったとしても、利息削減効果はないケースも考えられる。
・物件の担保割れ、年収低下、年齢などにより借換えできない場合もある。

(5) 団体信用生命保険料

団体信用生命保険料	団体信用生命保険（団信）：ローン債務者が被保険者、契約者・受取人が金融機関（債権者）となる保険（クーリング・オフの対象とならない） ローン債務者が死亡・高度障害のとき、ローン残高が保険金として債権者に支払われ住宅ローンが相殺される保険であり、債務者の遺族などはその後のローン支払いがなくなるといった特徴がある ・民間住宅ローン：強制加入（保険料は金利に含まれる） ・フラット35：毎月の支払いに保険料等の費用が含まれる ・財形住宅融資：保険料は別途必要(口座振替毎年支払い)

2 住宅ローンの種類と内容

(1) フラット35等

フラット35は、民間金融機関と住宅金融支援機構の提携による民間の住宅ローンである。併用住宅も対象となり、住宅部分の床面積が非住宅部分の床面積以上であることが要件となる。また、中古住宅（申込時点で竣工から２年を超えている住宅またはすでに人が住んだことのある住宅）も対象となる。

関連する住宅ローンの主な内容を以下に記載する。

・フラット35（買取型）：民間金融機関が貸し出した住宅ローン債権を住宅金融支援機構が買い取るタイプである。
・ダブルフラット：フラット35を２つ組み合わせて利用すること。
・フラット35（保証型）：民間金融機関が証券化したローン債権の元利金の支払いを住宅金融支援機構が保証するタイプである。買取型に比べ、取扱金融機関は少ない。
・フラット50：認定長期優良住宅の住宅を対象とした返済期間が最長50年の住宅ローンである。

※ 新築住宅とは、申込時点で竣工から２年以内の人が住んだことがない住宅。

■【フラット35】買取型

申込資格	原則、申込時満70歳未満（親子リレー返済利用の場合70歳以上も可）で、年収に占める総返済負担率の基準を満たす者 （注）総返済負担率：年収400万円未満は30％以下 年収400万円以上は35％以下
融資対象住宅	床面積70㎡以上（共同住宅は30㎡以上）で、技術基準に適合している住宅（併用住宅は住宅部分の床面積が非住宅部分の床面積以上であること）。新築住宅は省エネ基準への適合が必須 （注）建設費・購入価額の制限なし、敷地面積の要件なし
融資対象となる諸費用	疎明資料により確認できれば下記について、融資の対象となる。 ・建築確認・中間検査・完了検査申請費用（新築の場合のみ） ・請負（売買）契約書貼付の印紙代（自己負担分）・仲介手数料 ・住宅性能評価検査費用（新築の場合のみ）・登録免許税 ・適合証明検査費用・融資手数料・火災保険料（積立型除く）・地震保険料　など
融資金額	100万円以上8,000万円以下で、建設費・購入価額の100％以内
適用金利	全期間固定金利 （注）借入期間（20年以下・21年以上）に応じて、金利が異なる （注）金利は金融機関によって異なり、融資実行時点の金利が適用 （注）融資率が９割超の場合、返済可能となる確実性などをより慎重に審査する。融資率が９割以下の場合と比較して、借入額全体の金利を一定程度高く設定。
返済方法	元利均等毎月払い・元金均等毎月払い・ボーナス払い（借入金額の40％以内）併用
返済方法の変更	【返済が困難になった場合】 ・返済期間の延長・一定期間の返済額の減額・ボーナス返済分の返済額の変更
保証人・保証料	不要

繰上返済	手数料は不要 （注）繰上返済を希望する日の１カ月前までに返済中の金融機関窓口に申し出ること （注）一部返済の場合、返済額は100万円※以上で、繰上げ返済日は毎月の返済日 ※　インターネット（住・My Note）により返済を申込む場合、10万円以上から可能

■【フラット35】借換融資

申込資格	原則、申込時満70歳未満（親子リレー返済は70歳以上も可）で、年収に占める総返済負担率の基準を満たす者 （注）総返済負担率：年収400万円未満は30％以下 年収400万円以上は35％以下 借換対象となる住宅ローンの債務者と同一であること。ただし、債務者を追加して2人にすることは可能
資金使途	①②いずれかの住宅ローンの借換えが対象となる。 ①　申込本人が所有し、かつ、居住する住宅の建設または購入のための住宅ローン （注）セカンドハウス（単身赴任先の住宅、週末等を過ごすための住宅等で賃貸をしていないもの）も対象。セカンドハウス取得のための二重借入を除く。 ②　申込本人が所有し、かつ、親族が居住する住宅の建設または購入のための住宅ローン
融資金額	100万円以上8,000万円以下で、「借換えの対象となる住宅ローンの残高」または「機構による担保評価の額の200％」のいずれか低い金額まで

（注１）借換えの対象となる住宅ローンが住宅のリフォームのためのローンである場合は利用できない。

（注２）借換融資では、【フラット35】Ｓの利用はできない。

(2)【ダブルフラット】

【ダブルフラット】とは、【フラット35】や【フラット20】を２つ組み合わせて融資を受ける制度。定年後の返済額を減らしたい場合などに利用される。

申込先	２つの融資は同一金融機関
申込者	２つの融資の申込者は同一人で、主債務者と連帯債務者を入れ替えることはできない
融資金額	200万円以上※8,000万円以下で、建築費・購入価額以内
適用金利	２つの融資額の合計について融資率が９割を超える場合、それぞれ融資率９割超の金利が適用
返済方法	１つを元利均等返済、１つを元金均等返済とすることは可能 １つをボーナス併用返済、１つを毎月返済のみとすることは可能
他の要件	フラット35Ｓの基準に該当（受付期間内の融資）する場合、２つの融資それぞれにフラット35Ｓの金利引下げが適用 機構団体信用生命保険制度は、２つの融資について別々に加入（１つについてのみ加入することはできない）

※　１つの融資金額の下限は100万円、２つの借入額は異なることも可。

(3) 金利引継特約付き【フラット35】

借入対象住宅を売却するときに【フラット35】の債務を住宅購入者へ引き継ぐ（回数制限なし）ことができる。借入対象となる住宅は、長期優良住宅の認定を受けた住宅に限る。

利用条件	借入対象となる住宅は、長期優良住宅の認定を受けた住宅に限る 他の利用条件は【フラット35】と同様
債務の引継ぎ	・住宅金融支援機構の審査がある ・【フラット35】Ｓ（金利Ａプラン）の対象となる

（注） 借入対象住宅が中古住宅で【フラット35】リノベの技術基準等に適合の場合【フラット35】リノベ（金利Ａプラン）の対象となる。

(4)【フラット35】金利引下げ方法

①家族構成②住宅の性能、長く住むための管理・修繕等③エリアを組み合わせた合計ポイントに応じて、金利を引下げ。

なお、2024年２月13日より、子育て世帯または若年夫婦世帯※に対して、子の人数に応じて一定期間借入金利が引き下げられる【フラット35】子育てプラスがスタートした。

※借入申込年度の４月１日において夫婦のいずれかが40歳未満である世帯

・金利引下げ幅は最大年▲１％
・フラット35Ｓなどの他の金利引下げ商品との併用が可能

（例）子ども３人家族で合計10ポイントの場合：当初10年間（当初５年間および６～10年目）は年１％引下げ、11～15年目は年0.5％引下げ

	当初５年間	６～10年目	11～15年目
△0.25％	１Ｐ	５Ｐ	９Ｐ
△0.5　％	２Ｐ	６Ｐ	10P
△0.75％	３Ｐ	７Ｐ	
△1　　％	４Ｐ	８Ｐ	

① 家族によるポイント

【フラット35】子育てプラス（若年夫婦世帯または子ども１人）	１ポイント
【フラット35】子育てプラス（子ども２人）	２ポイント
【フラット35】子育てプラス（子ども３人）	３ポイント
【フラット35】子育てプラス（子どもＮ人）	Ｎポイント

② 住宅によるポイント

■性能によるポイント

省エネルギー性、耐震性、バリアフリー性、耐久性・可変性などの所定の技術基準を満たす住宅を取得する場合に、【フラット35】の借入金利を一定期間引き下げる制度。

【フラット35】S（ZEH）	3ポイント
【フラット35】S（金利Aプラン）	2ポイント
【フラット35】S（金利Bプラン）	1ポイント
【フラット35】リノベ（金利Aプラン）	4ポイント
【フラット35】リノベ（金利Bプラン）	2ポイント

【フラット35】リノベは、中古住宅を購入して、一定の要件を満たす工事を実施することで、【フラット35】を利用する際の借入金利を一定期間引き下げる制度。

金利Aプラン	リフォーム工事費300万円以上 リフォーム工事後に所定の基準を満たしていること （リフォーム前に所定の基準を満たしている場合も可）	所定の中古住宅の維持保全に係る措置が行われた住宅であること
金利Bプラン	リフォーム工事費200万円以上 所定のリフォーム工事が行われた住宅であること	

■管理・修繕等によるポイント

維持保全・維持管理に配慮した住宅や既存住宅の流通に資する住宅を取得する場合、【フラット35】の借入金利を当初5年間引き下げる。

【フラット35】維持保全型
・長期優良住宅　・予備認定マンション　・管理計画認定マンション　・安心R住宅
・インスペクション実施住宅　・既存住宅売買瑕疵保険付保住宅　6要件各1ポイント

③　エリアによるポイント

子育て世帯や地方移住者等に対する積極的な取組を行う地方公共団体と住宅金融支援機構が連携し、住宅取得に対する地方公共団体による交付金などの財政的支援とあわせて、【フラット35】の借入金利を一定期間引き下げる制度。

【フラット35】地方移住支援型	2ポイント
【フラット35】地域連携型（子育て支援・空き家対策）※	2ポイント
【フラット35】地域連携型（地域活性化型）※	1ポイント

※　地方公共団体から「フラット35地域連携型利用対象証明書」の交付を受けて利用する。グリーン化する場合も含む。

(5)【リバース60】

【リバース60】は、住宅金融支援機構と提携している民間金融機関が提供する60歳以上向けの住宅ローン。**毎月の返済は利息のみ**であり（変動金利では金利見直し時に返済額が変更されることがある）、年金受給者も利用することができる。

申込者	申込時満60歳以上[※1]
資金使途	・住宅の建設・購入（子世帯が住宅を建設・購入する場合も対象） ・住宅のリフォーム ・サービス付き高齢者向け住宅の入居一時金 ・住宅ローンの借換えなど
融資金額	次のうち最も低い金額 ①8,000万円、②所要金額の100％、③担保評価額の50％または60％[※2]
元金および残債務の取扱い	元金は、借入者死亡時[※3]に相続人が一括して返済するか、担保物件（住宅および土地）の売却により返済する。担保物件の売却代金で返済した後の残債務の取扱いは次のいずれかとなる ・ノンリコース型：相続人が残債務を返済する必要がない ・リコース型　　：相続人が残債務を返済する必要がある

※1　満50歳以上満60歳未満の利用も可能、【リバース50】という。

※2　長期優良住宅は55％または65％、【リバース50】は30％となる。

※3　連帯債務で借入れた場合、主債務者および連帯債務者ともに死亡したときとなる。

2 教育資金とライフプラン

1 教育ローンと奨学金

教育資金の積立不足の場合、ローンや奨学金の検討を行う必要がある。

ここでは、公的なローンと代用的な奨学金について触れることとする。

① 公的機関の教育ローンとして日本政策金融公庫の「国の教育ローン」があげられる。

■国の教育ローン（教育一般貸付）

	国の教育ローン（一般貸付）		
窓口	日本政策金融公庫、各金融機関		
年収要件※1	あり（世帯で扶養する子の数により相違）		
資金使途	入学金、授業料、通学費用、パソコン購入費、下宿費用、国民年金保険料など 受験料、受験のための交通費・宿泊費は合格前でも融資対象。利用条件は次の①②の両方に該当すること。 ①申込みに係る子が融資対象となる学校に在籍していること ②融資対象となる学校で受けた教育の学習の成果を試すための受験であること		
融資限度額	学生・生徒１人（高校以上）につき350万円まで ただし、①から④までのいずれかの資金として利用する場合は、１人につき450万円が限度となる ① 自宅外通学　② 修業年限５年以上の大学（昼間部） ③ 大学院　④ 海外留学資金（３カ月以上の留学）		
返済期間	18年以内		
返済方法	元利均等返済（融資額の２分の１までボーナス月の増額返済が可能） 在学期間中は利息のみの返済とすることができる		
優遇制度	保証料	金利	返済期間
ひとり親家庭 交通遺児家庭 一定世帯※2	通常の１/2	優遇金利	最長18年

※１　年収要件（年間収入・年間所得は、世帯主のほか配偶者等も含む）

※２　子供の人数３人以上で世帯年収500万円以内または、**世帯年収200万円**以内

（注）連帯保証人を立てず、公益財団法人教育資金融資保証基金の保証を利用する場合、**保証料は融資額から差し引かれる。**

子の人数	１人※	２人※	３人	４人	５人
給与所得者の年間収入	790万円以下	890万円以下	990万円以下	1,090万円以下	1,190万円以下
事業所得者の年間所得	600万円以下	690万円以下	790万円以下	890万円以下	990万円以下

※　子が１人または２人の場合、一定の要件に該当すれば、子の人数３人と同じ年間収入（所得）まで上限が緩和される。

②　奨学金には各種制度があるが、代表的なものとして日本学生支援機構の奨学金制度があげられる。

■日本学生支援機構の奨学金（貸与型）

	第一種奨学金	第二種奨学金
利子	無利子	有利子（在学中は無利子）
選考	特に優れた学生および経済的理由	第一種より緩やか
振込	学生本人名義の口座	
返還	卒業後、口座振替による自動引落しで返還する	

■奨学金申込時の保証制度（いずれかを選択する必要あり）

	機関保証に加入	連帯保証人と保証人を選任する
保証の方法	・保証機関（日本国際教育支援協会）が連帯保証する ・一定の保証料を支払う	・連帯保証人と保証人をそれぞれ選任する ・連帯保証人＝父母 父母がいない場合はそれに代わる者 ・保証人＝原則４親等以内の親族で、連帯保証人と別生計の者（学生本人の配偶者は不可）
連帯保証人・保証人	不要	要

（注）海外留学生のための奨学金は、機関保証に加入するとともに、「連帯保証人（保証人）を選任する」必要がある。

■返還方式

所得連動返還方式（第一種奨学金に限る）	前年の課税対象所得に９％を乗じて12で除した額（2,000円未満は2,000円）で月賦返還のみ（返還回数は未定）
定額返還方式	返還期間（回数）は貸与総額および割賦方法により決まる

■返還に関する救済制度

減額返還	毎月の返還額を２分の１、３分の１、４分の１、３分の２に減額し、減額返済適用期間に応じた分の返還期間を延長する。なお、返還予定総額は減額されない
返還期限猶予	返還期限を猶予する

（注）2017年度以降に第一種奨学金の貸与を受けていた返還者等は、「定額返還方式」から「所得連動返還方式」に変更することができる。

■日本学生支援機構の奨学金（給付型）

給付奨学金とは、貸与型と異なり、返済の必要がない奨学金である。給付型は学力だけでなく、収入や家計の資産によって評価される。

給付奨学金と第一種奨学金を併せて利用する場合、第一種奨学金の貸与月額が調整される。第二種奨学金については、給付奨学金受給による貸与月額の調整はない。

■高等教育の修学支援新制度

住民税非課税世帯の学生について、授業料・入学金の免除または減額に加えて、給付奨学金の支給を受けられる制度がある。なお、住民税非課税世帯でなくても、収入が一定額以下であれば支援の対象となる。

■給付奨学金の拡充

2024年度より、給付奨学金について従来からの枠に加え、中間所得層も利用できる枠が新設された。

世帯年収の上限	600万円程度まで
対象者	扶養する子が３人以上（多子世帯）いるか、理工農系の学部に限る (多子世帯は満額の４分の１、理工農系は私立文系との授業料の差額)

チェックテスト

(1) フラット35の利用条件として店舗併用住宅は、住宅部分の床面積が店舗部分の床面積以上あるものでなければならない。

(2) フラット35（保証型を除く）の返済方法の変更は、返済期間の延長や元金の支払猶予期間の設定の変更はできるが、一定期間にわたる返済額の減額はできない。

(3) フラット35（買取型）の融資額は、100万円以上8,000万円以下であり、融資率の上限は建築費または購入価額の10割である。

(4) フラット35の返済方法は元利均等毎月払いまたは元金均等毎月払いであり、６カ月ごとのボーナス払いを併用する場合は、ボーナス払い部分の金額が融資額の50％以内（１万円単位）でなければならない。

(5) フラット35（買取型）の保証料、繰上返済手数料、物件検査手数料は無料であるが、火災保険料は別途費用がかかる。

(6) 独立行政法人日本学生支援機構の奨学金を受けようとする学生が婚姻している場合、その者の配偶者は、連帯保証人になることはできない。

(7) 教育一般貸付の対象となる学校に、インターナショナルスクール（高校以上）、予備校、デザイン学校等の各種学校は含まない。

(8) 国の高等教育の修学支援新制度は「給付型奨学金の支給」と「授業料・入学金の免除または減額」といった２つの支援からなり、住民税非課税世帯および準ずる世帯の学生が支援の対象である。

解答

(1) ○　(2) ×　(3) ○　(4) ×　(5) ×
(6) ○　(7) ×　(8) ○

第4章

中小法人の資金計画

過去の出題状況	2022.5	2022.9	2023.1	2023.5	2023.9	2024.1
資金調達	☆			☆		☆

1．資金計画のプランニング

企業の財務状況の把握には、損益計算書、貸借対照表、キャッシュ・フロー計算書などを用いる。

2．資金調達の種類・特徴

資金調達の方法としては、民間金融機関からの借入を中心に、信用保証協会の保証を付けるなどがある。

1 資金計画のプランニング

企業は、投下資本を効率的に活用することによる利益獲得およびさらなる拡大成長を目的としている。

よって、投下資本の調達方法やその後の資金管理は基本的な内容といえる。

1 財務状況の把握

① 一定時点（決算日）における財政状態を**貸借対照表**で把握する。

② 一定期間（会計期間）の利益獲得過程を**損益計算書**で把握する。

③ 資金の動きを**キャッシュ・フロー計算書**や資金繰表で把握し、結果を資金移動表や資金運用表により分析する。

2 資金調達

把握した財務状況をもとに事業計画を立て、資金需要を洗い出した結果、運転資金と設備資金に区分して資金調達をすることになるのが一般的である。資金調達には必ずコストがかかる。よって、資金調達は効率よく行う必要がある。

・運転資金とは、日頃の営業活動を行うために必要な資金である。

・設備資金とは、生産能力や販売力を高めるための基礎となる資金である。

2 資金調達の種類・特徴

企業の資金調達の方法は、証券市場等により資金を調達する「**直接金融**」と、金融機関から資金を調達する「**間接金融**」に分けられる。このほか、企業間信用などによる支払手形や買掛金、リースを含めたノンバンク融資等による場合や助成金も調達方法の１つである。また、融資の枠や融資を受けるにあたり公的な診断や審査が必要な場合もあるが、民間金融機関では融資が難しいときの補完的な役割も担っている公的融資があげられる。代表的な金融機関として株式会社日本政策金融公庫がある。信用力の低い中小企業者が融資を受ける際に借入金の債務を保証する信用保証協会保証付融資制度も大切といえる。

1 募集株式の発行

募集株式の発行とは、株式会社が新規発行する株式や処分する自己株式を引き受けて、株主になる者を募集することをいう。対価として金銭の支払いを受けるため、資金調達の手段となる。

【増資の方法】

・株主割当て：株式会社が既存株主に対し、その持ち株数に応じて募集株式の割当てを受ける権利を与える方法

・第三者割当て：現時点で株主かは問わず、特定の第三者に募集株式の割当てを受ける権利を与える方法

【募集事項の決定について】

・公開会社の場合：定款で株主総会の決議により決定する旨を定めている場合等を除き、取締役会の決議により決定

・非公開会社※（取締役会設置会社）の場合：株主総会の**特別決議**による委任がある場合、取締役会の決議により決定

※株式の譲渡制限のある株式会社

2 経営者保証

株式会社は有限責任であるため、経営者や出資者は会社が倒産しても借入金等の債務について個人の財産まで影響は及ばない。しかし、経営者は連帯保証として個人保証をしている場合が多く、個人保証というリスクが、新規事業への投資を躊躇させる原因にもなっていた。

それに対応するため、2023年４月より、金融機関が事業資金の融資の際に個人保証を求める場合には、経営者に対し、以下の内容を個別具体的に説明することが義務付けられた。

・どのような改善を図れば保証契約の変更・解除が高まるか ・どの部分が不十分であるため、保証契約が必要となるのか

3 信用保証協会の保証制度

一般保証に係る保証限度額は、中小企業・小規模事業者の場合、中小企業信用保険における普通保険の限度額２億円（組合４億円）と無担保保険の限度額8,000万円（組合も同額）を合わせた２億8,000万円（組合４億8,000万円）となっている。

経営安定関連保証（セーフティネット保証）	中小企業信用保険法に規定された８つの事由（災害など）のいずれかにより、経営の安定に支障が生じている中小企業者が、経営の安定のために必要とする資金について行う保証。事業所の所在地の市町村長または特別区長の認定を受けた場合に利用可能。
借換保証	複数の借入金を１つにまとめて、返済期間を長期とすることで、毎月返済額を軽減する制度。借換えの際に、新たな資金を上乗せして融資を受けることも可能。保証限度額は２億8,000万円。
創業関連保証	個人による創業や新たに法人を設立して行う事業に必要な資金を調達するために利用できる。経営実績がない創業時に融資を受けるには、事業計画書が必要。保証限度額は3,500 万円。
事業承継特別保証	経営者保証が不要であり、また経営者保証ありの既存の借入金についても、一定条件のもと、本制度による借り換えにより経営者保証は不要にできる保証制度。保証限度額は２億8,000 万円。

4 キャッシュ・フロー計算書

キャッシュ・フロー計算書とは、一定期間におけるキャッシュ・フローの出入りの状況を営業活動、投資活動、財務活動の３つに区分して明示したものである。

キャッシュ・フロー計算書（間接法）

自　2024年４月１日
至　2025年３月31日（単位：千円）

科目	金額
1．営業活動によるキャッシュ・フロー	
税引前当期純利益	200,000
減価償却費	11,005
受取利息及び受取配当金	△2,000
支払利息	8,000
売上債権の増減額	△26,820
仕入債務の増減額	16,325
小計	206,510
利息及び配当金の受取額	2,000
利息の支払額	△8,000
法人税等の支払額	△80,000
営業活動によるキャッシュ・フロー	120,510
2．投資活動によるキャッシュ・フロー	
有形固定資産の取得による支出	△100,000
有形固定資産の売却による収入	50,000
貸付けによる支出	0
貸付金の回収による収入	250
投資活動によるキャッシュ・フロー	△49,750

3．財務活動によるキャッシュ・フロー	
短期借入れによる収入	0
短期借入金の返済による支出	△1,500
長期借入れによる収入	0
長期借入金の返済による支出	△2,300
財務活動によるキャッシュ・フロー	△3,800
4．現金及び現金同等物の増減額	66,960
5．現金及び現金同等物の期首残高	33,040
6．現金及び現金同等物の期末残高	100,000

営業活動によるキャッシュ・フロー	本業による収入と支出の差額で表され、手許現金の増減を示す項目 ・売上高の減少や販売費及び一般管理費の増加、売上債権の増加は、減少要因となる
投資活動によるキャッシュ・フロー	設備投資や有価証券への投資などによる現金の増減を示す項目 ・有形固定資産の取得や投資有価証券の取得は、減少要因となる
財務活動によるキャッシュ・フロー	金融機関からの借入・返済、社債や株式の発行などの資金調達に関する現金の増減を示す項目 ・自己株式の取得や社債の償還は減少要因となる

■フリー・キャッシュ・フロー

フリー・キャッシュ・フローは、営業活動によるキャッシュ・フローと投資活動によるキャッシュ・フローの合計である。

チェックテスト

(1) 企業の資金調達の方法は、金融機関から資金を調達する「直接金融」と、証券市場等により資金を調達する「間接金融」に分けられる。

(2) 募集株式の発行による増資の方法には、株主割当てと第三者割当てがある。

(3) 個人による創業の際に創業関連保証制度を利用して融資を受けるためには、事業計画書を用意する必要がある。

(4) 事業承継特別保証制度における保証限度額は、3,500万円である。

(5)「投資活動によるキャッシュ・フロー」とは、金融機関からの借入・返済や株式の発行など、資金調達に関する現金の増減を示す項目である。

(6) 売上高の減少や売上債権の増加は、「営業活動によるキャッシュ・フロー」の減少要因となる。

解答

(1) ×　(2) ○　(3) ○　(4) ×　(5) ×
(6) ○

第5章

保険制度

過去の出題状況	2022.5	2022.9	2023.1	2023.5	2023.9	2024.1
保険募集人				☆		
保険募集						
契約者保護		☆		☆	☆	
保護機構	☆					
保険法			☆			
少額短期保険						
各種共済		☆				☆

1．保険募集人等と保険募集に関するコンプライアンス

保険業法では保険募集人に対して保険募集の基本的なルールやコンプライアンスについて定めている。

2．契約者の保護に関する規制

契約者の保護のために、契約の撤回ができるクーリング・オフやソルベンシー・マージン比率による健全性を示す指標がある。

3．保険契約者保護機構

保険会社が万が一破綻した場合の契約者保護に備えて、生命保険会社および損害保険会社は保険契約者保護機構の加入が義務づけられている。

4．保険法

保険法は、顧客との保険契約に関する一般的なルールを定めている。

5．少額短期保険業

少額短期保険業では、通常の保険より期間が短く引受可能金額が少ない商品が販売されている。

6．各種共済制度

共済とは営利を目的とせず、組合員のために事業を行うものであり、「JA共済」「こくみん共済coop」「都道府県民共済」「CO・OP共済」がある。

1 保険募集人等と保険募集に関するコンプライアンス

1 保険募集人

保険募集が可能なのは、生命保険募集人、損害保険募集人、少額短期保険募集人、保険仲立人（ブローカー）に限られる。

(1) 保険募集

保険募集とは、保険契約の締結の代理または媒介を行うこと。

・生命保険募集人と損害保険募集人：代理・媒介ともにできる。

・保険仲立人（ブローカー）：媒介はできるが代理はできない。

（注）保険仲立人とは、保険会社から独立して保険契約の締結の媒介を行う者をいう。

(2) 一社専属制と乗合募集

保険募集人は、**原則として一社専属制**であるが、保険代理店等で保険契約者の保護に欠けるおそれがない場合には、**複数社の乗合いが可能**である。ただし、保険募集の再委託は禁止されている。

乗合代理店は、保険商品を選別して提案をしようとする場合、顧客の意向に沿った比較可能な同種の保険商品の概要や当該提案の理由を説明しなければならない。

(3) 保険募集人の登録

保険募集を行うためには、内閣総理大臣の登録が必要（無登録募集は、1年以下の懲役または100万円以下の罰金もしくは併科刑）。

ただし、以下の行為のみを行う場合は登録不要。

・保険募集人の指示を受けて行う、商品案内チラシの単なる配布

・コールセンターのオペレーターが行う、事務的な連絡の受付けや事務手続き等についての説明

・金融商品説明会における、一般的な保険商品の仕組み、活用法等についての説明

（注）保険契約の締結の勧誘を目的とした保険商品内容の説明は、保険募集人でなければならない。

2 保険の募集に関するコンプライアンス

保険業法では、保険募集や締結に際し、次の行為を行うことを禁止している。

① 虚偽事実を告げる行為、重要な事項の不告知
② 告知義務違反を勧める行為
③ 告知義務の履行を妨げ、または告げないことを勧める行為等
④ 不利益事実を告げずにする乗換行為（既契約を消滅させる行為）
⑤ 特別利益の提供
⑥ 誤解を生じさせるおそれのある比較・表示
⑦ 保険契約者等の保護に欠けるおそれがあるものとして内閣府令で定める行為

保険業法第300条１項１～９号に定めるこれらの募集禁止行為を遵守しなかった場合は以下のとおりの扱いとなる。

・①～③の行為を行った者：刑事罰の対象（１年以下の懲役または100万円以下の罰金もしくは併科刑）となるとともに、登録取消等の行政処分の対象となる。
・④～⑦の行為を行った者：刑事罰の対象とはならないが、**行政処分**の対象となる。

なお、銀行等が、取引上の優越的な地位を不当に利用して保険募集をする行為は禁止されている。

融資先募集規制等として、事業性融資の融資先（従業員数50人以下の小規模事業者については、その従業員等を含む）に対し手数料を得て保険募集を行ってはならない。ただし、一時払終身保険、一時払養老保険、積立傷害保険、積立火災保険等、および事業関連保険（銀行等のグループ会社を保険契約者とするものに限る）などの**保険募集は行うことができる**。

また、2016年５月に施行された保険業法の一部を改正する法律の概要として次の（1）～（2）があげられる。

（1）保険募集の基本的ルールの創設

・意向把握義務
　①　顧客ニーズの把握
　②　ニーズに合った保険プランの具体化
　③　顧客ニーズと提案プランの最終的な確認
・情報提供義務
　①　保険金の支払い条件
　②　保険期間、保険金額等
　③　その他、顧客の参考となるべき情報
・複数保険会社の商品の比較推奨販売を行う場合
　①　取扱商品のうち比較可能な商品の一覧
　②　特定の商品の提示・推奨を行う理由

（2）保険募集人に対する規制の整備

複数保険会社の商品の取り扱いの有無など、保険募集人の業務の特性や規模に応じて、従来の「保険会社」が監督責任を負う形態から「乗合代理店」に対しても規模・特性に応じた「体制整備」を義務付けた。

2 契約者の保護に関する規制

1 クーリング・オフ

契約申込みの撤回などについての事項を記載した書面を交付された日か、申込日のいずれか遅い日を含めて**8日以内**であれば、書面または電磁的記録（ウェブサイトやｅメールなど）で契約申込みの撤回または解除を行うことができる。その効力は申込みの撤回等に係る書面※を発した時である。

■クーリング・オフが適用されない場合

① 保険会社の指定した医師の診査が終了した場合
② 法人が契約者である場合
③ 保険期間が１年以内の契約の場合
④ 保険加入が法律上義務づけられている場合（自賠責保険）
⑤ 申込者が保護にかけるおそれのない申込みの場合
⑥ 既契約の特約の中途付加・更新・保険金額の中途増額（転換はクーリング・オフ可能）

（例）
・日時を事前指定し、申込みの意思を明らかにして、保険会社の営業所を訪問した場合
・申込者が自ら指定した場所（保険会社等の営業所や自宅を除く）で申込みをした場合
・郵便、ファクシミリ等を利用する方法での申込み

■契約申込みの撤回可能期間（８日以内）の例

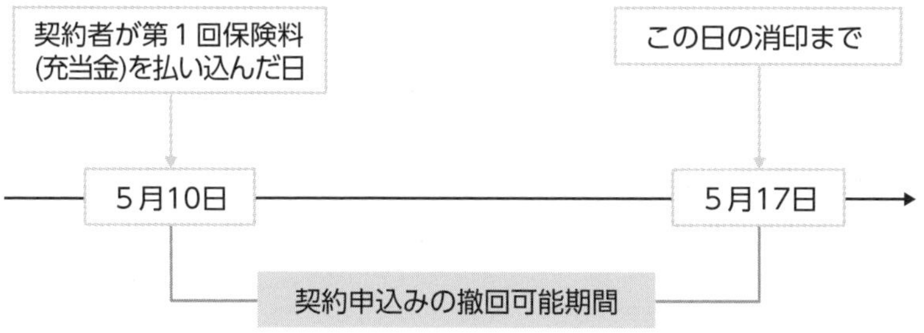

2 ソルベンシー・マージン比率と早期是正措置

ソルベンシー・マージン比率とは、通常の予測を超えて発生するリスクに対して、保険会社の保険金支払能力がどの程度確保されているのかを数値として表したものである。ソルベンシー・マージン比率が**200%**を下回ると、金融庁は**早期是正措置**を命じることができる。なお、公表が義務づけられている。

$$\text{ソルベンシー・マージン比率} = \frac{\text{ソルベンシー・マージンの総額}}{\frac{1}{2}\times\text{リスクの総額}} \times 100$$

ソルベンシー・マージン比率	区分	措置の内容
200%以上	非対象区分	なし
100%以上200%未満	第一区分	経営健全性確保のための改善計画の提出・実施の命令
0％以上100%未満	第二区分	保険金等の支払能力の充実に資する措置に係る命令
0％未満	第三区分	期限を付した業務の全部または一部の停止命令

3 基礎利益

保険料収入や保険金・事業費支払等の保険関係の収支と、利息および配当金等収入を中心とした運用関係の収支からなる。生命保険会社の基礎的な期間損益の状況を表す指標で、一般事業会社の営業利益や、銀行の業務純益に近いものである。

基礎利益＝**経常利益－キャピタル損益－臨時損益**

4 EV（エンベディッド・バリュー）

保険会社の**企業価値**や**業績**を評価する計算方法の１つである。

EV＝「**修正純資産**※1」＋「**保有契約価値**※2」

※1　修正純資産：貸借対照表上の純資産の部の金額に負債計上された資本性のある内部留保、資産の含み損益などを加え修正したもの。

※2　保有契約価値：前提条件（解約・失効率、死亡率、運用利回り、事業費率など）において保険契約の将来利益を予想し、計算日時点の現在価値を算出し、税金を控除したもの。

5 実質純資産額

有価証券や有形固定資産の含み損益などを反映した**時価ベースの資産の合計**から、資本性のない実質的な負債（**価格変動準備金や危険準備金などの資本性の高い負債を**

除いた負債）を差し引いて算出されるもので、この値がマイナスとなった場合、実質的な債務超過として金融庁による業務停止命令の対象となる指標のひとつである。

6 保有契約高

生命保険会社の事業年度末に保有している有効契約の残高で保険金等の総合計額を示す指標である。

個人保険や団体保険は死亡時の支払保険金額の総合計額、**個人年金保険は年金支払開始時の年金原資（年金支払開始前）および責任準備金（年金支払開始後）**の合計額、団体年金保険は責任準備金の額であり、これらを合計した金額を契約高としている。

7 金融庁の「保険会社向けの総合的な監督指針」

生損保険会社には以下の募集・販売ルールが義務化され、違反した場合には業務改善命令などの行政処分の対象となる。

(1) 商品の説明強化

契約の際には、「契約概要」と「注意喚起情報」に分類して重要事項を書面にして交付する。

- 契　約　概　要：保障（補償）内容や保険期間、解約返戻金の有無、保険金の変動リスクなど、商品内容を理解するうえで欠かせない基本的な情報
- **注意喚起情報**：保険金が支払われないケース、クーリング・オフが適用されないケースなど、契約者に不利益となるような商品の短所を記載

（注）特定保険契約（変額保険、**外貨建保険**など**金融商品取引法が一部準用**される契約）は、「契約概要」と「注意喚起情報」に分類の上、「**契約締結前交付書面**」の作成・交付が必要となる。

(2) 意向確認書面

顧客のニーズと保険商品の内容が一致しているかを契約締結前に、「**意向確認書面**」によって顧客と募集人双方が確認・署名などをしたうえで、顧客に交付し、一部は保険会社が保存する。

（注）特定保険契約は、適合性の原則が盛り込まれた「意向確認書兼適合性確認書」となる。

(3) 高齢者に対する募集

「親族等の同席」、「複数の保険募集人による保険募集」、「高齢者本人の意向に沿った商品内容等であることの確認」等の取り組みを実行するように求めている。

(4) 適切な広告・宣伝表示

顧客に誤解を与えないような内容にする。

- 保障（補償）の対象とならない時期や病気の種類などを明示する。
- 「業界で一番」などの文言を記載する場合は、その根拠を明示する。

・若い年齢の保険料だけを大きく示すことで割安な印象を与えない。

(5) 保険商品の比較

保険商品等の比較に際し以下の事項は保険業法違反となる。

・客観的事実に基づかない事項または数値を表示する。
・保険契約の契約内容について、正確な判断を行うのに必要な事項を包括的に示さず、一部のみを表示する。
・保険契約の内容について、長所のみを強調し不離一体の関係にあるものを併せて示さず、あたかも優良であるかのように表示する。
・一般に同等の保険種類として認識されない保険契約間の比較について、同等の保険種類の比較であるように表示する。
・他の保険会社の契約内容に関し、誹謗・中傷を目的に短所を不当に強調して表示する。

8 外貨建保険販売資格者登録制度

2022年４月より外貨建保険契約者の利益保護と募集秩序の維持を図ることなどから、外貨建保険の募集を行わせる者（以下「外貨建保険販売資格者」という）の情報を生命保険協会に登録することになっている。なお、複数の会社が外貨建保険の募集を行わせようとする場合は、各々の会社が登録しなければならない。

したがって、外貨建保険の保険募集は、資格がなければ行うことができない。

3 保険契約者保護機構

国内で営業を行うすべての保険会社は、免許の種類により、生命保険契約者保護機構・損害保険契約者保護機構に強制加入する。機構は、破綻保険会社の保険契約の移転等における資金援助等を行う。保険契約者保護機構の財源は、保険会社からの負担金により賄われるが、負担金および政府からの借入れでは資金援助等の対応ができない場合は、国から機構に対して補助金を交付することが可能とされている（2027年3月末までの時限措置）。

1 保険会社の破綻

（1）金融庁の業務停止命令（保険業法に基づく行政手続き）

金融庁の命令等に基づいて破綻保険会社の業務の全部または一部の停止を命令し、保険管理人による業務および財産の管理を命ずる処分を行う。

（2）破綻時の保険契約の取扱い

生命保険会社が破綻した場合、保険契約の解約、保険金額の減額、契約者貸付の利用などの手続が停止されるが、契約者（＝保険料負担者）の保険料支払義務は免除されない。

第5章 保険制度

2 補償対象契約の補償割合

（1）生命保険契約者保護機構

補償対象契約は、**国内における元受保険契約**で、**運用実績連動型保険契約の特定特別勘定部分**以外について、破綻時点の**責任準備金等の90%**（高予定利率契約※1等を除く）まで補償される。なお、保険契約の移転等の際には、責任準備金等の額の削減に加え、保険契約を引き続き適正・安全に維持するために、保険料等の算定基礎となる基礎率（予定利率、予定死亡率、予定事業費率等）の変更が行われる可能性があり、結果として保険金額が減額されることがある。国内で事業を行う生命保険会社で加入した外貨建の保険も補償の対象である。

※1　高予定利率契約とは、破綻時に過去5年間で**常に予定利率が基準利率**※2**を超えていた契約**※3をいう。

※2　2024年現在の**基準利率は3％**であるが、全生命保険会社の過去5年間の年平均運用利回りを基準に、金融庁長官および財務大臣が定めることとなっている。この基準利率は、全生命保険会社の年平均運用利回りの状況により見直される。

※3　1つの保険契約において、主契約・特約の予定利率が異なる場合、主契約・特約を予定利率が異なるごとに独立した保険契約とみなして、高予定利率契約に該当するか否かを判断する。

なお、該当契約については、責任準備金等の補償限度が以下のとおりとなる。ただし、破綻会社に対して資金援助がなかった場合の弁済率が下限となる。

高予定利率契約の補償率＝ 90％ －｛(過去５年間における各年の予定利率－基準利率)の総和÷２｝

また、保険契約を有効に継続させていくためには、一定の保険契約者数を維持する必要があることから、一定期間、早期解約控除制度が設けられる可能性もある。

生命保険会社が破綻し、責任準備金等の削減や予定利率の引下げ等が行われた場合、一般に、破綻保険会社の財務状況や保険種類等により異なるが、保険金額は減少することとなる。保険金額の減少幅は、保障性の高い保険（定期保険等）では、保険金額の減少幅は小さく、**貯蓄性の高い保険**（養老保険、個人年金保険、終身保険等）では、減少幅が大きくなる。また、**予定利率が高い時期に加入した契約**ほど、保険金額の減少幅が大きくなる。加入時期が同じ契約でも、**満期までの期間が長いほど減少幅が大きくなる**。

(2) 損害保険契約者保護機構

損害保険契約者保護機構には、日本国内において損害保険業を営む免許を受けた損害保険会社がすべて加入しており、加入損害保険会社の補償対象契約の保険契約者等が補償の対象となる。

<table>
<tr><th>保険の種類</th><th>保険金支払い</th><th>満期返戻金・解約返戻金など</th></tr>
<tr><td>自賠責保険
家計地震保険</td><td colspan="2">100％</td></tr>
<tr><td>自動車保険
火災保険
賠償責任保険
１年以内の傷害保険
海外旅行傷害保険　など</td><td>破綻後３カ月間：100％
破綻後３カ月経過後：80％</td><td>80％</td></tr>
<tr><td>年金払積立傷害保険</td><td rowspan="2">90％</td><td>90％※</td></tr>
<tr><td>疾病・傷害・介護
に関する保険</td><td>90％※
（積立型保険の積立部分は80％）</td></tr>
</table>

※　高予定利率契約に該当する場合は90％から追加で引き下げられる。

4 保険法

保険法は保険契約に関する一般的なルールを定めた法律である。

共済契約	共済契約も対象
片面的強行規定	多くの規定に、片面的強行規定の導入 保険法の規定よりも保険契約者等に不利な内容の約款の定めは無効とする
告知制度	・保険会社から告知を求められたものに対して正しい事実を告げる義務（質問応答義務） ・保険募集人による告知の妨害や不告知の教《きょう》唆《さ》があった場合、保険会社は解除できない
保険金等の支払時期※	保険金の支払時期の規定を新設し適正な保険金の支払いに必要な調査のための合理的な期間が経過したときから、保険会社は遅滞の責任を負う
被保険者の同意	保険契約者と被保険者が異なる死亡保険契約は、被保険者の同意がない場合、無効となる
保険金受取人の変更	保険金受取人の変更規定の整備（被保険者の同意必要） ・保険契約者は保険事故発生まで保険金受取人を変更することができる ・保険金受取人の変更の意思表示の相手方は保険会社である ・遺言による保険金受取人の変更も可能であり、契約者が死亡した場合、その相続人が保険会社に通知する必要がある
保険料積立金の払戻し	責任開始前の解約や保険金支払の免責事由に該当し保険契約が終了する場合などに該当するとき保険料積立金の払戻しを必要とする
被保険者による解除請求	被保険者が契約者に対して契約の解除（解約）を請求可能とする制度の新設
保険機能の拡充	・超過保険：超過部分は、取消し可能（善意でかつ重過失がない場合） ・重複保険：独立責任額全額支払方式とする
消滅時効	受取人の保険金請求権は３年で時効によって消滅する 保険会社の保険料請求権は１年で時効によって消滅する 告知義務違反があった場合の保険会社の契約解除権は、解除の原因を知って１カ月間、または契約の締結から５年で時効によって消滅する
保険料・保険金額の減額請求	損害保険契約の締結後に保険価額が著しく減少して保険金額を下回った場合、保険契約者は、保険者に対して将来に向かって、保険金額および保険料の減額を請求することができる
損害発生後の保険事故	損害保険契約における保険者は、保険事故による損害が生じた場合には、当該損害に係る保険の目的物が当該損害の発生後に保険事故によらずに滅失したときであっても、当該損害をてん補しなければならない

※　保険金や給付金の支払期限は、一般に、保険会社に請求書類が到着した日の翌営業日から数えて５営業日以内とされている。

5 少額短期保険業

少額短期保険業とは、保険業のうち、一定の事業規模の範囲内で、保険金額が少額かつ保険期間が短期の保険の引受けのみを行う事業のこと。

■保険会社との主な相違点

① 保険会社は免許制（金融庁長官・内閣総理大臣）であるが、少額短期保険業者は登録制（財務局へ申請し内閣総理大臣の登録）である。
② 最低資本金は原則として1,000万円
③ 1保険契約者について引受けるそれぞれの保険の区分に応じた保険金額の合計額（「総保険金額」という）について、それぞれの区分に定める上限金額の100倍の金額（「上限総保険金額」という）を超える保険の引受けは行えない。
④ 年間収受保険料は50億円以下
⑤ 保険契約者保護機構には未加入

■引受け可能な保険期間・保険金額の上限（原則）

	保険種類	上限（原則）
保険期間	生命保険・医療保険	1年
	損害保険	2年
保険金額	疾病による死亡・重度障害	300万円
	傷害による死亡・重度障害	600万円
	疾病・傷害による入院給付金等	80万円（日額×通算限度日数）
	損害保険	1,000万円

（注）1人の被保険者を対象とする保険金額の総額は、原則として1,000万円以下（個人賠償保険は別枠）。

6 各種共済制度

1 JA共済

JA共済は農業協同組合法に基づき、農林水産省の管轄によって行われている共済事業で、生命保障分野のほか、自動車共済や火災共済、満期返戻金のある建物更生共済などの損害補償分野の共済も取り扱っている。加入者は、正組合員以外も出資金を支払い准組合員になって利用するほか、准組合員にならずに利用することもできる。また、農業に従事していない会社員や個人事業主であっても出資金を支払うことで准組合員になれる。

「医療共済」は病気や不慮の事故による入院や手術等を保障し、入院共済金の1入院支払限度日数の型は、60日型、120日型、200日型の3種類から選択することができる。

JA共済の割戻金は、生命総合共済、建物更生共済などの長期間にわたって保障提供を行う商品が対象となるため、自動車共済など期間の短い共済については、割戻金を受けることができる対象商品ではない。

建物更生共済は、火災のほか地震や台風などの自然災害も補償対象となる。また、満期を迎えた場合は満期共済金を受け取れる。

2 こくみん共済coop

全国労働者共済生活協同組合連合会いわゆる「こくみん共済coop」は、消費生活協同組合法に基づき、厚生労働省の認可を受けて設立された共済事業を行う協同組合である。

こくみん共済coopの共済商品に加入するには職場を経由するか、あるいは地域において出資金を支払って組合員になる必要がある。こくみん共済coopの保障には「遺族保障」「医療保障」「障がい・介護保障」「老後保障」「住まいの保障」「くるまの補償」等の分野と共済商品がある。

「こくみん共済」は、終身タイプ等一部の共済を除き共済期間は1年（自動更新）、年齢・性別に関係なく毎月の掛金は一律である。

くるまの補償である「マイカー共済」（自動車総合共済、四輪車用）の基本となる補償には、対人賠償、対物賠償、人身傷害補償、車両損害補償がある。

3 都道府県民共済

都道府県民共済は、全国生活協同組合連合会（全国生協連）が、消費生活協同組合法に基づき、厚生労働省の認可を受けて実施（すべての都道府県で実施されている）している。都道府県民共済の保障には、生命・医療保障を一定期間保障する共済と損害を補償する火災共済があるが、自動車に関する共済はない。共済事業の年度ごとの決算において、剰余金が生じた場合は割戻金を受け取ることができる。

4 CO・OP共済

コープ（CO・OP）とは生活協同組合（生協）の略称で、消費生活協同組合法に基づき、厚生労働省の認可を受け実施している。CO・OP共済の保障は、生命・医療保障分野（積立型や終身タイプがあり）や損害補償の火災共済があるが、自動車に関する共済はない。

5 各種共済と契約者保護

<table>
<tr><th>制度共済</th><th>根拠法</th><th>保険法の適用</th><th>保護機構の補償</th><th>保険業法</th></tr>
<tr><td>JA共済</td><td>農業協同組合法</td><td rowspan="4">適用</td><td rowspan="4">補償対象外</td><td rowspan="4">対象外</td></tr>
<tr><td>こくみん共済coop</td><td rowspan="3">消費生活協同組合法</td></tr>
<tr><td>都道府県民共済</td></tr>
<tr><td>CO・OP共済</td></tr>
</table>

チェックテスト

(1) 生命保険の加入に際し被保険者が健康診断で指摘を受けたことについて告知をしなくてもよいと生命保険募集人が被保険者に勧めたとしても、告知をするかどうかは被保険者に委ねられているため、募集人は法令違反に問われない。

(2) 保険契約の締結の勧誘を目的とした保険商品の内容の説明行為は、保険募集人の登録を必要とする。

(3) コールセンターのオペレーターが行う、事務手続きについての説明行為は保険募集人の登録を必要とする。

(4) 保険仲立人（ブローカー）は、原則として保険契約の締結の媒介および代理を行うことができる。

(5) 生命保険会社の営業職員である生命保険募集人は、原則として一社専属制とされる。

(6) 保険契約の申込者等は、保険契約の申込みの撤回等に関する事項が記載された書面を交付された日または申込日のいずれか早い日から、その日を含めて８日以内であれば、書面または口頭により当該保険契約の申込みの撤回をすることができる。

(7) 少額短期保険業者は、傷害による死亡・重度障害の保険金額を10,000千円、保険期間を１年とする傷害保険を引き受けることができる。

(8) 保険法では、すべての契約を対象に、保険法の規定よりも保険契約者に不利な内容の約款は無効とする片面的強行規定が設けられている。

(9) 年金原資が保証されている変額個人年金保険については、高予定利率契約を除き、生命保険会社破綻時の年金原資保証額の90％まで補償される。

解答

(1) ×　(2) ○　(3) ×　(4) ×　(5) ○
(6) ×　(7) ×　(8) ×　(9) ×

第6章

生命保険・第三分野の保険の仕組みと保険商品

過去の出題状況	2022.5	2022.9	2023.1	2023.5	2023.9	2024.1
生命保険のルール	☆			☆	☆	☆
生命保険商品	☆	☆	☆	☆		☆

1. 生命保険の仕組みと特徴

生命保険料は「予定死亡率」「予定利率」「予定事業費率」に基づいて計算される。

2. 保険契約のルール（約款の留意点など）

保険料の支払い負担が重くなった場合には、各種貸付制度や、保険の見直しなどにより負担を軽くする方法がある。

3. 生命保険商品

各種保険商品に加えて、市場価格調整（MVA）を利用した保険などがある。

4. 第三分野の保険

第三分野は生命保険分野と損害保険分野のいずれにも属さない保険である。

1 生命保険の仕組みと特徴

1 生命保険の分類

生命保険は、保険金の支払われ方によって死亡保険、生存保険、生死混合保険の３つに分類される。

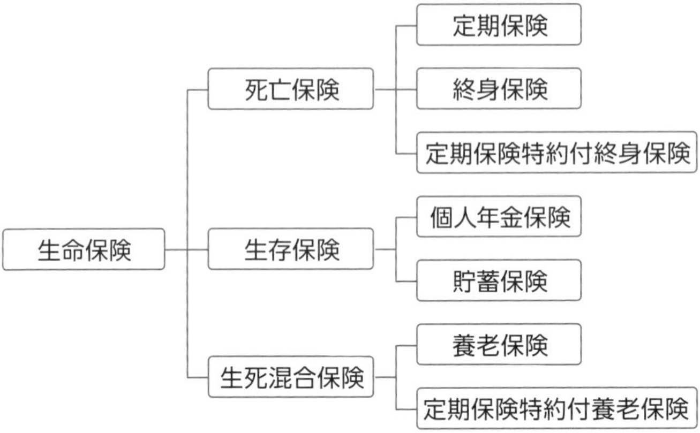

また、**一般勘定**として運用実績を保証する定額保険と**特別勘定**として運用実績を保証しない変額保険の２つに分類することもある。

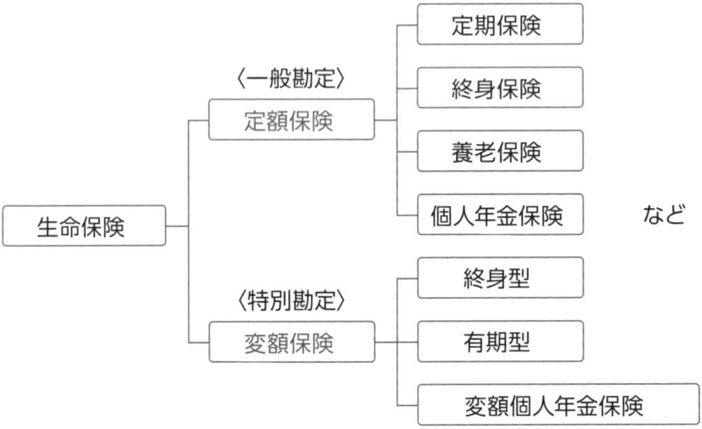

2 保険料計算の基礎率

保険料は、３つの予定基礎率（予定死亡率、予定利率、予定事業費率）に基づいて計算されている。

予定死亡率	死亡率をもとに将来の保険金の支払いに必要な保険料を計算する。 （注）死亡保険の場合、予定死亡率が低いほど保険料は安くなる。
予定利率	保険料は、運用によって得られる収益を予定して、あらかじめ一定の利率で割り引かれている。その割引に使用する利率を予定利率という。 （注）予定利率が高いほど、保険料は安くなる。
予定事業費率	保険会社は、保険事業運営上必要とする経費を予定して、保険料の中に組み込んでいる。 （注）予定事業費率が低いほど、保険料は安くなる。

■保険料の構成

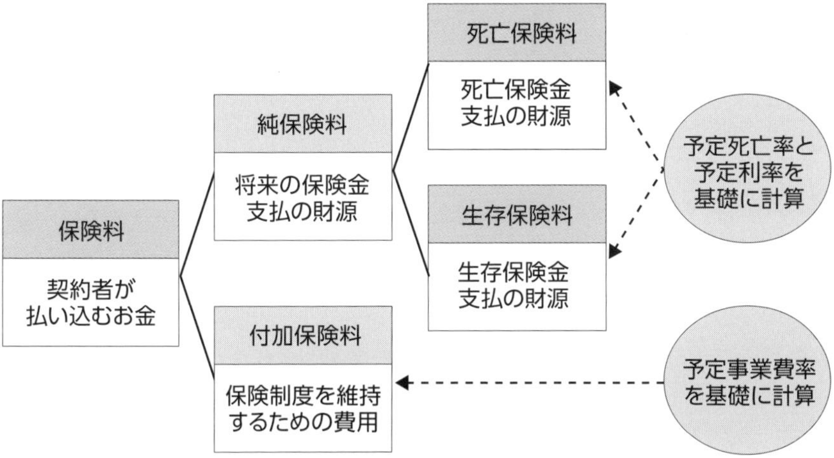

3 責任準備金

責任準備金とは、保険会社が将来の保険金給付や解約返戻金支払い等に充てるために保険料や運用収益を財源として積み立てておく必要がある準備金のことである。保険業法により積み立てが義務づけられている。

保険契約者から払い込まれる保険料は、預貯金と異なり、一部は保険金等の支払いや保険契約の維持管理費用等に充当され、その残額が責任準備金として積み立てられ、運用されることになるため、一般的には、責任準備金の金額は払い込まれた保険料の合計額よりも少なくなる。

責任準備金の積立方式には、チルメル式と平準純保険料式がある。

チルメル式は保険会社の事業費として、営業職員・代理店への報酬、保険証券の作成費用、医師への診査手数料などの経費の支払いによって契約初年度が多額になることを考慮し、初年度の事業費を厚くした上で、一定の期間で償却する方法である。

平準純保険料式は、保険会社の経費を毎年一定割合の付加保険料で賄えると考え、事業費の支出を契約全期間を通じて一定とし、保険料の残り部分をその年の保険金等と将来の支払いのための責任準備金とする方式である。

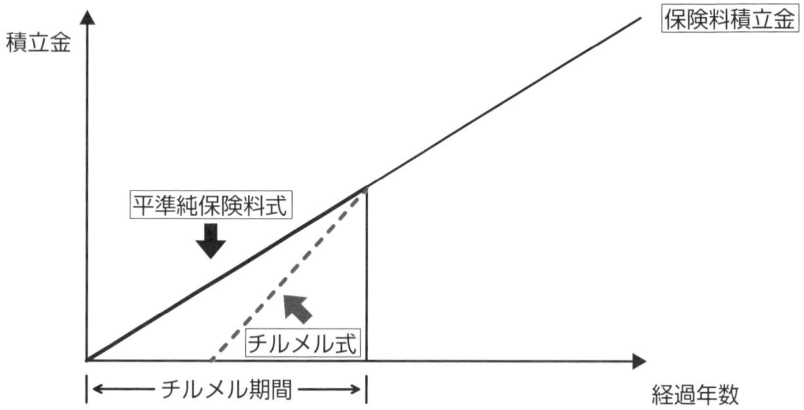

4 配当金の仕組み

(1) 剰余金と配当金

予定死亡率、予定利率、予定事業費率の3つの予定基礎率は、安全を見込んでいるため、毎年度末の決算では通常「あまり（剰余金）」が生じる。剰余金が生じる原因には、死差益、利差益、費差益の3つがある。生命保険会社は、これらの剰余金を財源として契約者に配当金を支払う。

死差益	予定死亡率によって見込まれた死亡者数よりも、実際の死亡者数が少なかった場合に生ずる利益のこと
利差益	予定利率によって見込まれた運用収入よりも、実際の運用収入が多かった場合に生ずる利益のこと
費差益	予定事業費率によって見込まれた事業費よりも、実際の事業費が少なかった場合に生ずる利益のこと

つまり、保険料（死亡保険）は、予定死亡率が低いほど、予定利率が高いほど、予定事業費率が低いほど、安くなる。

2 保険契約のルール（約款の留意点など）

1 生命保険の基本用語

■契約の関係者

契 約 者	保険会社と保険契約を締結し、契約上の一切の権利（契約内容変更請求権等）と義務（保険料の支払い義務）を持つ人
被保険者	その人の生死・災害・病気などが保険の対象となっている人
受 取 人	保険金・給付金・年金などを受け取る人

■保険料・保険金など

保 険 料	契約者が生命保険会社に払い込むお金
保 険 金	被保険者が死亡・高度障害状態のとき、または満期まで生存したときに生命保険会社から受取人に支払われるお金
給 付 金	被保険者が入院したり、手術をしたときなどに生命保険会社から受取人に支払われるお金
解約返戻金	生命保険契約を解約したときに契約者に払い戻されるお金

■契約に関する用語

保険事故	死亡・災害・高度障害・病気など保険金や給付金の支払いが約束された出来事
保険期間	保障が続く期間。この期間内に保険事故が発生した場合のみ、保険会社から給付が受けられる
保険料払込期間	実際に保険料を払い込む期間。保険期間とは必ずしも一致しない ①全期払込：保険期間の全期間にわたって保険料を払い込む方法 ②有期払込：保険期間より短い期間に保険料を払い込む方法

2 約款とご契約のしおり

「約款」とは、保険会社があらかじめ定めた保険契約に関するルールを記載したもので、保険会社と契約者との権利義務を規定している。約款の重要な部分を抜粋し、平易に解説したものが「ご契約のしおり」である。

3 告　知

保険契約の締結の際に契約者または被保険者は、保険会社の危険選択のために保険会社が求める告知事項（職業や現在や過去の健康状態）について、告知をしなければならない（**質問応答義務**）。これを「告知義務」という。職業や健康告知により標準体と比較し、危険度が高い場合には、特別の条件を付すことにより契約者相互間の保険料の公平性を保っている。

(1) 告知義務者

契約者または被保険者

(2) 告知の方法

・医師の診査：保険会社の指定する医師による告知書の質問事項について、問診に告知義務者がありのままを答え告知書に署名する。
・告知書：所定の告知書の質問に告知義務者が直接記入を行う。
（注）募集人に口頭で告知しても告知したことにはならない。

(3) 告知する内容

被保険者（または契約者）の現在の職業、最近の健康状態、過去（一般に５年以内）の健康状態や病歴、身体の障害など。

(4) 告知義務違反と解除

重要事実の不告知、事実と違う告知（告知義務違反）を保険会社が知った場合、保険会社はその契約を解除できる。解約返戻金があれば払い戻す。解除前の保険事故に保険金は支払わないが、告知義務違反内容と全く因果関係がないときは支払う。また、契約が契約日から２年（保険法では**５年**）を超えて有効に継続した場合、会社が解除の原因を知ってから**１カ月**以内に解除を行わなかった場合は解除権は消滅する。

4 責任開始期（日）

責任開始期（日）は、①申込み、②告知（診査）、③第１回保険料の払込みの３つがすべて完了したとき保険契約上の責任が開始される。保険会社の承諾のときからではない。

5 保険料猶予期間・失効と復活・復旧

(1) 猶予期間

保険料の払込期月※に遅れても、保険会社は一定期間（猶予期間）保険料の払込みを待って契約を有効に継続させる。

猶予期間	月払い	払込期月の翌月初日から末日まで
	半年払い・年払い	払込期月の翌月初日から翌々月の契約応当日まで

※　払込期月とは保険料を払う必要のある月のことで、契約応当日の属する月の初日から末日までの期間のこと。

（例）払込期月が７月（契約応当日７月11日）の場合の猶予期間

・月払いの場合………………８月１日～８月31日

・半年払い、年払いの場合…８月１日～９月11日

(2) 失効と復活・復旧

・**失効**（上記（例）において自動振替貸付が行われない場合）：月払いの場合８月31日までの猶予期間中に保険料の払込みがないとき９月１日に保険は失効する。半年払い・年払いの場合、９月11日までに保険料の払込みがないとき９月12日に保険は失効する。

・**復活**：保険会社が定める一定の範囲により失効した保険を元の有効な状態に戻すことを復活という。復活時には告知または診査が必要となり、復活までの未払保険料全額を払い込む必要がある。復活した日が責任開始日として取り扱われ、復活後の保険料は、**失効する前の保険料**により保険契約が継続される。健康状態によっては復活できない場合もある。

・**復旧**：保険会社が定める一定の範囲により、減額や払済保険、延長保険へ変更した後、元の契約状態に戻すことを復旧という。告知または診査が必要となり、不足となる責任準備金や保険料を払い込む必要がある。健康状態によっては復旧できない場合もある。

6 自動振替貸付・契約者貸付

(1) 自動振替貸付

解約返戻金のある保険（保険種類によっては不可）では、猶予期間が過ぎた契約に対し、**解約返戻金**の範囲内で保険料を自動的に生命保険会社が立て替えて、契約を有効に継続させる制度である。立て替えた保険料は契約者が借りたことになり所定の利息が付く。

一定期間内に解約や払済・延長保険へ変更の手続きを行った場合、**自動振替貸付がなかったものとして取り扱われる**。

(2) 契約者貸付

有効契約期間の途中で、保険会社が定める解約返戻金の一定の範囲内で契約者が希望する金額を貸し付ける制度である。貸付金には所定の利息が付く。この利息は、保険会社が定める利率で計算され、利率は保険契約時期により当該**保険契約の予定利率により異なるため、予定利率が高い契約の利率は高く**設定されている。また、貸付金（利息を含む）の返済前に**保険金の支払事由が生じた場合、保険金から貸付金の元利合計が差し引かれる**。

7 生命保険の見直し

ライフサイクルの変化に応じ、保険加入後も定期的に見直すことが大切である。見直すにあたり加入中の保険の取り扱い方法の選択は非常に重要といえる。解約は最後の手段である。

(1) 減額

保険金額を減らし、払い込む保険料を少なくする方法である。

減額部分は、解約されたものとして取り扱われ、減額部分に相当する解約返戻金が支払われる。ただし、**個人年金保険料税制適格特約が付帯されている個人年金の減額については、解約返戻金を受け取ることはできず、**所定の利息をつけて積み立てられ**て年金開始時に増額年金の買い増しに充てられる。**

付加している特約についても併せて減額されたり、場合によっては特約が消滅したりすることがある。

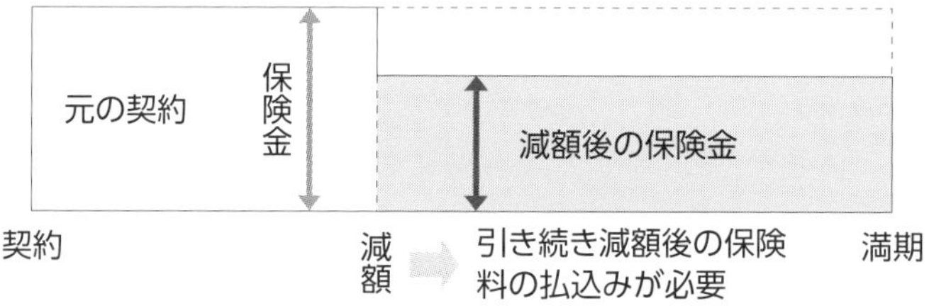

(2) 払済保険

払済保険は、保険料払込期間の途中で保険料の払込みを中止し、その時の解約返戻金をもとに、残りの期間を保険期間とする一時払養老保険または変更前と同種類の一時払いの保険に変更する方法である。

ただし、払済保険の保険金額が、その会社の定める限度を下回る場合は利用できない。

払済保険の予定利率は、一般に変更前の保険契約の予定利率が引き継がれる。

- 各種特約の保障はなくなる。ただし、一般にリビング・ニーズ特約や指定代理請求特約は消滅しない。
- **個人年金保険料税制適格特約を付帯した個人年金**を払済にする場合、**契約後10年を経過**していなければ取り扱いはできない。
- 元の契約への復旧については、取り扱う保険会社もあるが、一般に告知または診査が必要である。

■養老保険の場合

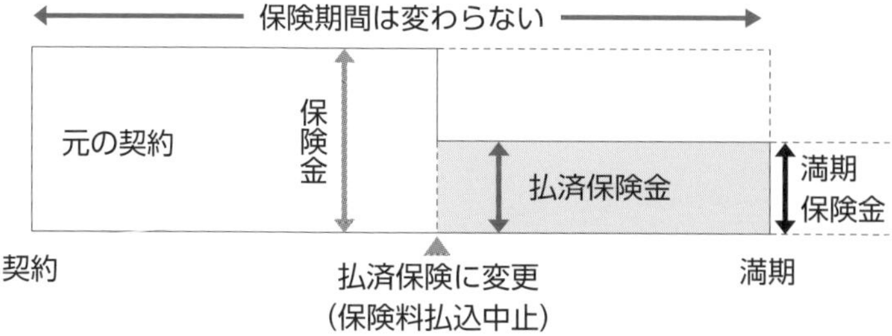

（3）延長（定期）保険

延長（定期）保険は、保険料払込期間の途中で保険料の払込みを中止し、その時の解約返戻金をもとに、元の契約の保険金額を変更せずに**保険期間を短縮**して、一時払いの定期保険に変更する制度である。

・解約返戻金で計算した保険期間が、元の契約の満期を超える場合は満期までとし、満期のときには生存保険金が支払われる。
・**各種特約の保障はなくなる**。なお、リビング・ニーズ契約も消滅する。
・元の契約への復旧については、払済保険と同様に取り扱う保険会社もある。

■延長（定期）保険期間が元の契約の保険期間より短くなる場合

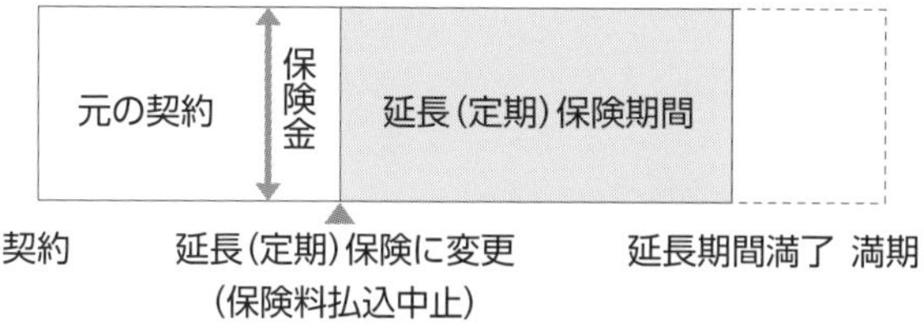

■延長（定期）保険期間が元の契約の満期まで続く場合

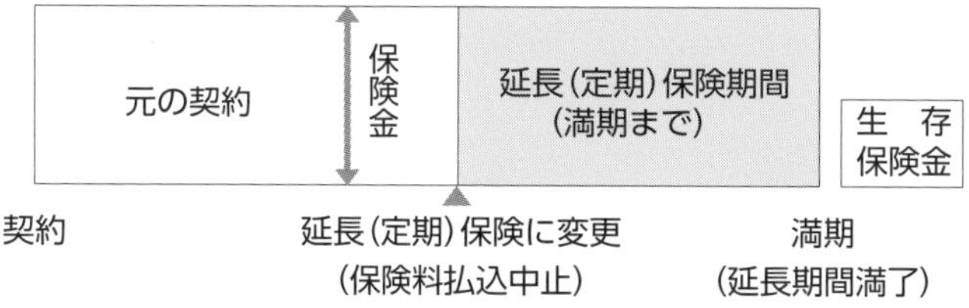

（4）契約転換制度

現在加入中の保険の責任準備金や配当金を転換価格として新たな保険契約（同一の保険会社に限る）の一部に充当する方法である。告知（診査）が必要であり、転換後新契約は転換時の保険種類・年齢による保険料率で保険料が計算され、転換価格があてられた部分の保険料負担が軽減される。また、一般に転換前契約の特別配当金の権利を引き継ぐことができる。積立配当金も転換前の責任準備金とともに転換価格として充当されるため、積立配当金の払戻しはない。ただし、現在加入している保険会社でのみ取扱うことができる。

8 保険金・給付金の請求

(1) 指定代理請求制度

「リビング・ニーズ特約」や「特定疾病保障保険」「介護保険」など生前に保険金を受け取ることができる受取人は被保険者となる。しかし、意思表示ができない特別な事情で被保険者が請求できないときは、あらかじめ指定した代理人が被保険者に代わって請求が行える制度（請求時に指定代理人の範囲に該当することを要する）を指定代理請求制度という。

■指定代理人の範囲（保険会社によって異なる）

① 請求時において、被保険者と同居または生計を一にしている被保険者の戸籍上の配偶者
② 請求時において、被保険者と同居または生計を一にしている被保険者の戸籍上の3親等内の親族（したがって、甥や姪を指定することができる）

9 更　新

定期保険や医療保険（特約を含む）について、契約から契約期間が終了するまでの全期間（20年、30年など）を1つの保険期間として取り扱う全期型と、契約期間が終了する期間を一定年数（5年、10年、15年など）ごとに区切り、その期間が満了した時点で次の保険期間に契約を継続していく更新型がある。

更新型の特徴は以下のとおりである。

① 全期型と比べ保険期間が短い更新型は、当初の保険料が安くなる。
② 更新後の保険料は、更新時の保険年齢、保険料率により再計算されるため保険料が一般に高くなる。
③ 更新は、告知・医師の診査は必要なく健康状態に関係なく更新することができる。
④ 契約者からの申し出がない場合、自動更新される。更新しない、あるいは減額して更新を希望する場合は更新前に申し出る必要がある。

10 契約者・受取人の変更

保険契約者は、被保険者の同意を得て保険会社の規定による範囲で、契約者や死亡保険金受取人などを変更することができる。

なお、契約者や受取人が変更されたとしてもその時点で課税関係は発生しない。

保険法により、**遺言による保険金受取人の変更**が可能となり、遺言による変更の場合、契約者の相続人が保険会社にその旨を通知する必要がある。

3 生命保険商品

1 定期保険

保険期間は一定で、その間に死亡した場合のみ死亡保険金が支払われる。

保険期間満了まで保険料は変わらない。保険期間満了時に満期保険金はないといった特徴がある。

(1) 平準定期保険

保険期間中保険金額、保険料が一定であり、保険期間が長期のものもある。

■平準定期保険のイメージ図

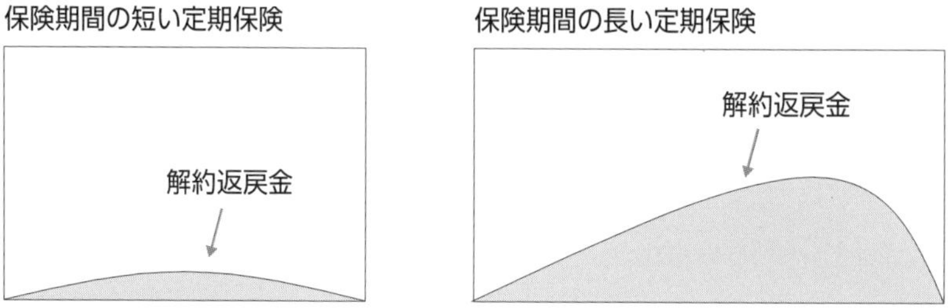

(2) 逓増定期保険

保険期間が経過するごとに保険金額が一定割合ずつ増加する定期保険である。途中の解約返戻金が多い時点があり、保険期間満了時には解約返戻金はゼロとなる。法人契約として利用されている。

■逓増定期保険のイメージ図

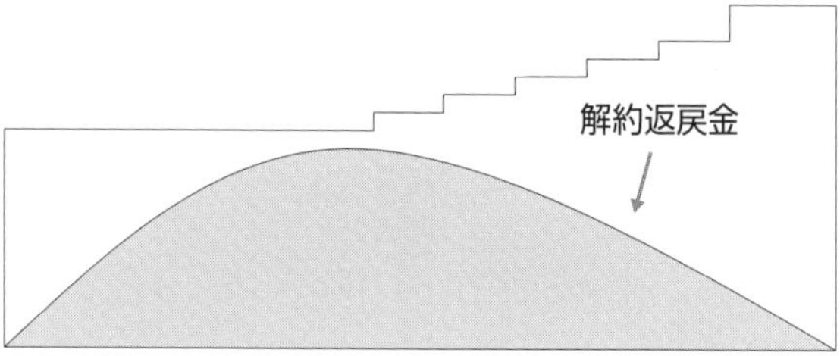

(3) 逓減定期保険

保険期間が経過するごとに保険金額が一定割合ずつ逓減する定期保険である。

■逓減定期保険のイメージ図

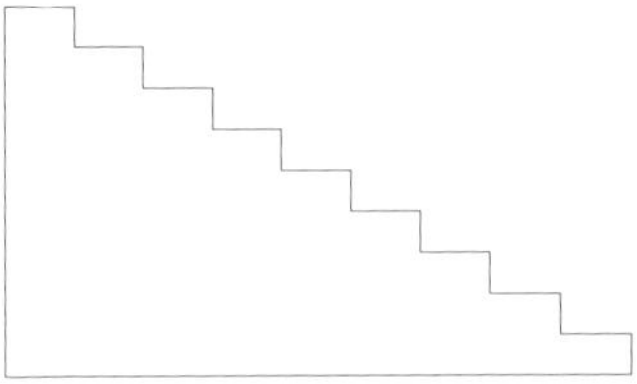

2 収入保障保険

死亡したとき以降、契約時に定めた保険期間まで死亡保険金を年金形式で受け取ることができる保険。年金受取回数はいつ死亡するかで異なる（下図①）。年金受取回数に最低保証を設けている場合、死亡時期にかかわらず最低保証される。

保険期間中であれば死亡時期にかかわらず受取回数が10年や15年など決まっているものもある（下図②）。

また、保険金は年金での受け取りに代えて、一時金として受け取ることも可能であるが、一時金での受取額は**年金受取総額より少なくなる**。

①

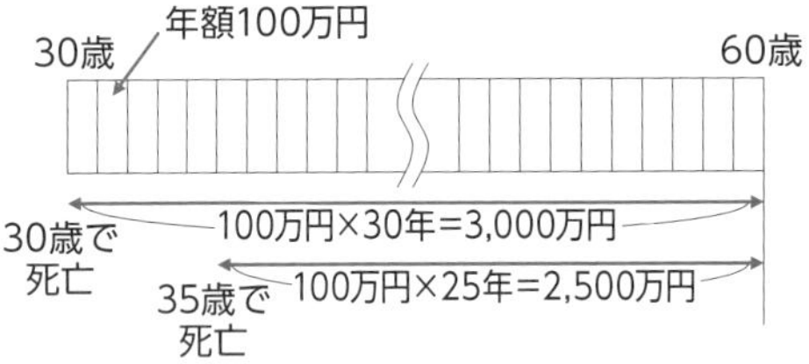

②

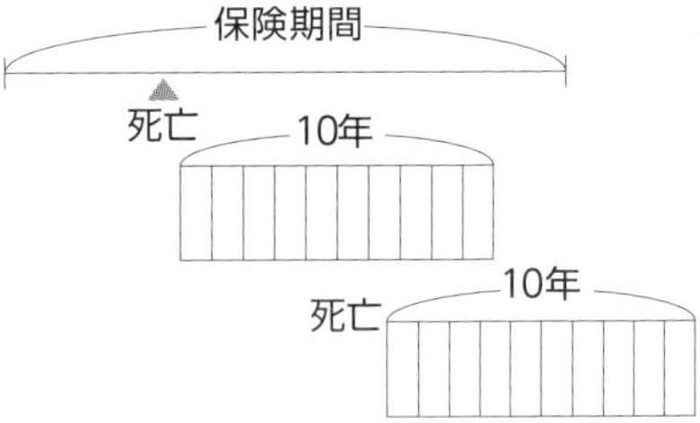

3 養老保険

保険期間は一定で死亡したときは死亡保険金が、満期時に生存していたときは満期保険金が受け取れる。死亡保険金と満期保険金は同額である。

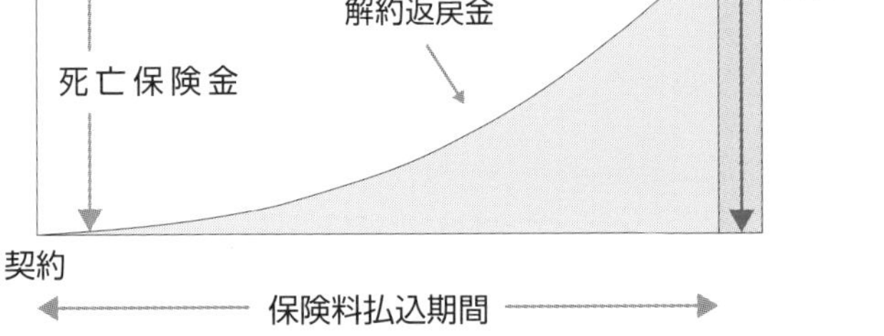

4 終身保険

(1) 終身保険の特徴

保険期間は一生涯（終身保障）であり、死亡した場合に死亡保険金が支払われる。貯蓄性が高く保険期間の経過とともに解約返戻金が増加する。保険料払込期間が一定年齢または一定期間で完了する有期払込と一生涯払い続ける終身払込がある。満期がないため満期保険金はない。

■有期払込のイメージ図（一例）

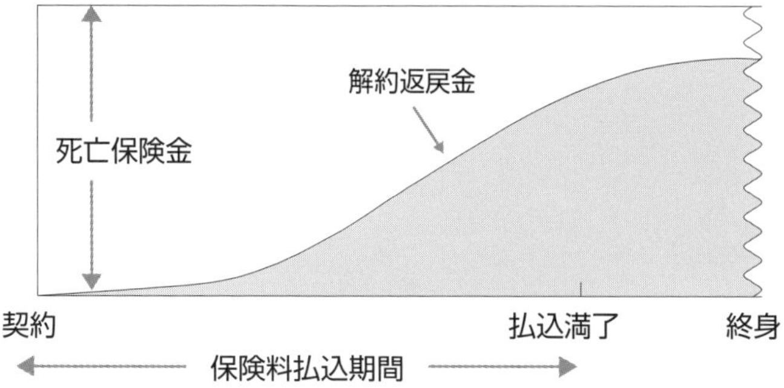

(2) 低解約返戻金型終身保険

保険料払込期間中の解約返戻金を低く抑えて、保険料を割安にした終身保険である。

■低解約返戻金型終身保険のイメージ図

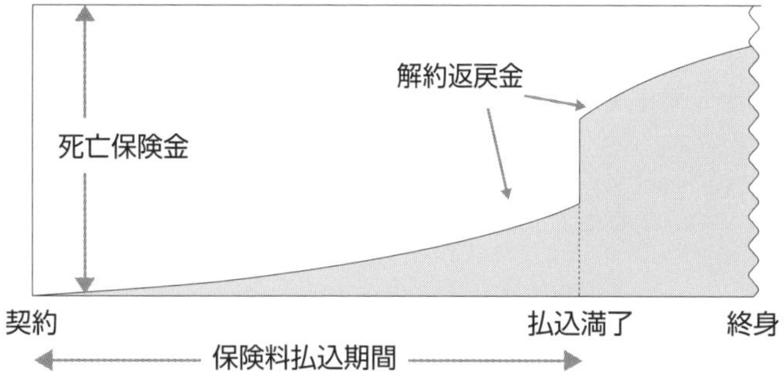

(3) 積立利率変動型終身保険

契約時の保険金額は基本保険金額として保証され、保険料も定額である。ただし、契約後の市場金利に連動して積立利率が見直され、一定の割合を超えると、保険金や解約返戻金額などが増加する仕組みの終身保険である。

積立利率は、将来の保険金支払いのために保険料の中から積み立てた**積立金に付利する利率**であり、所定の期日に各種費用を控除して設定される。一般に積立利率は通常の保険より低いが最低保証されている。

(4) 終身保険の保険料払込満了後の取扱い

終身保険では、保険料の払込満了後など所定の時期に、保険会社の定める範囲内で保障内容を変更できる取り扱いがある。

保険料払込満了後にその時の責任準備金をニーズにあわせて活用することができ、そのまま死亡保障を継続するほか、一生涯の死亡保障に代えて、老後の年金や介護保障などに保障内容を移行できる場合もある。

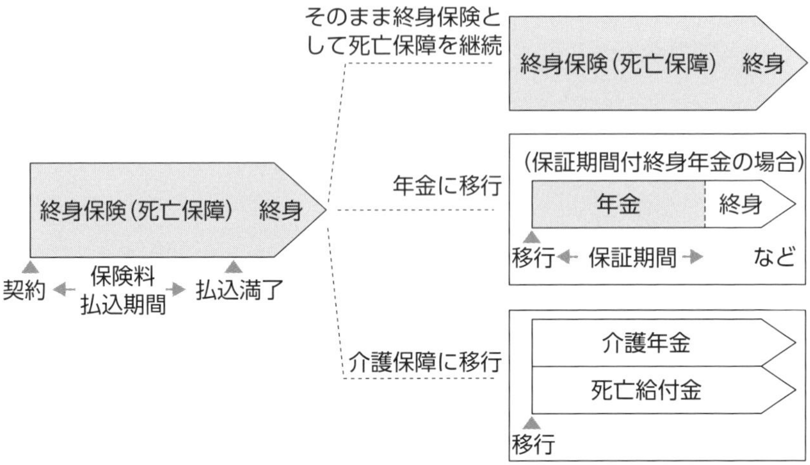

(注)「死亡保障」と「年金」など複数の組み合わせができる場合もある。

5 定期保険特約付終身保険

終身保険(主契約)と定期保険特約を一定の範囲内で組み合わせ、保障を大きくした保険である。

定期保険特約の保険期間の設定により「全期型」と「更新型」がある。

- **更新型**：定期保険特約を主契約の５倍、10倍、20倍等という形で付加し、比較的短期間で更新するもの。
- **全期型**：主契約の保険料払込が終了するまで更新なく、定期保険特約保険期間が定められているもの。

■特色

① 終身保険に定期保険（定期保険特約）を上乗せしたもの。
② 保障は一生涯続き、定期保険特約の付いている期間内に死亡したときには、終身保険部分と定期保険部分を合わせた死亡保険金が支払われる。
③ 保険料払込満了時点で大きな保障がなくなった後に、終身保険部分を継続したり解約返戻金と配当金を元に年金払いとして受け取ったり、介護保障に変更したりするといったことも可能なタイプもある。
④ 夫婦２人を同時に保障する夫婦連生タイプもある。

■全期型・更新型のイメージ図（一例）

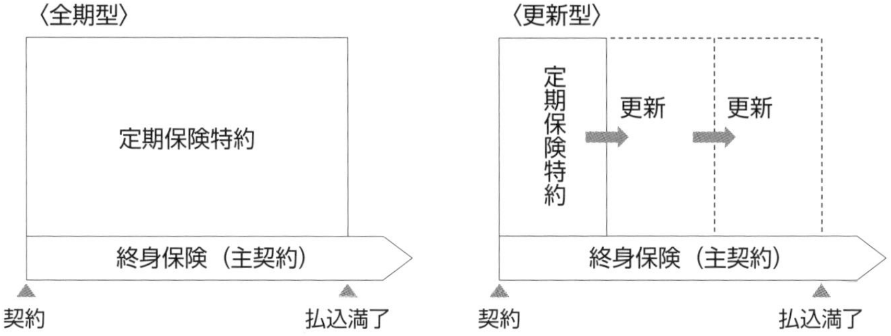

「更新型」の場合、特約保険期間が満了するつど健康状態に関係なく定期保険特約を更新できるが、更新の際に、そのときの保障ニーズに応じて保障内容を見直すことができる。

① 定期保険特約部分を、契約時と同じ保険金額で更新する。
　この場合、更新後の保険料は、更新時の年齢、保険料率により再計算されるので、通常の場合、更新前より保険料は高くなる。
② 定期保険特約部分を、保険会社の取扱範囲内で減額して更新する。

■定期保険特約付終身保険（更新型）の例

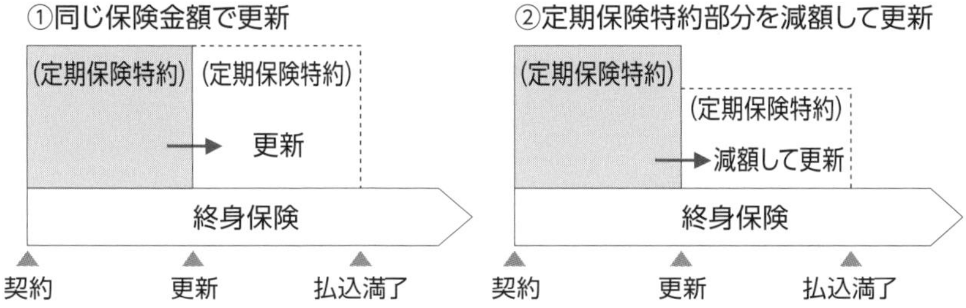

（注）保険会社によっては、終身保険と定期保険特約の割合を変更（定期保険特約を減らし、終身保険を増やす）して更新することなどができる。

6 利率変動型積立終身保険（アカウント型保険）

保険料の一部を主契約（アカウント＝積立部分）に積み立て、保険料払込満了時に積立金の全部または一部を一時払保険料として充当することにより、無告知で終身保険や年金に変更できる商品である。

■積立部分（アカウント）の仕組みと活用

① 保険料払込期間中の死亡保障は、その時点の積立金となる。
② 払込期間満了時に終身保険や年金に移行する（積立を継続できるものもある）。
③ 定期的に利率が変動する。利率は一定期間ごとに見直されるが、市場金利が低下しても最低保証利率を下回ることはない。
④ アカウント部分から保険料として必要に応じて所定の範囲内で支払いができる。
⑤ アカウント部分（積立終身保険）に一時金の投入もできる。
⑥ 積み立てられた積立金を引き出すことができるが、経過年数に応じた手数料（会社によって異なる）が必要となる。
⑦ 死亡保障、医療保障等各種特約を付加できる。
⑧ ライフステージに合わせて、契約を転換することなく保障内容を見直すことができる。

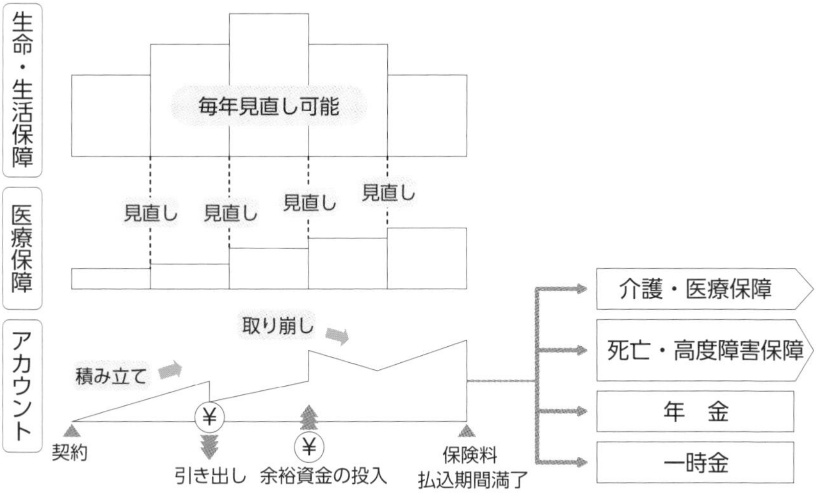

7 組立保険

これまでの定期保険特約付終身保険やアカウント型保険等とは異なり、**主契約を限定することなく**保険会社が定める所定の各種保険や第三分野の保険を自由に組み合わせて加入することができる保険である。

特定されない単体商品の保険種類を組み合わせるものや、特約のみを自由に組み合わせて契約することが可能な「特約型組立保険」もある。

8 特定疾病保障保険

定期保険のタイプと終身保険のタイプがあり、**ガン**、**急性心筋梗塞**、**脳卒中**により所定の状態になったとき死亡保険金と同額の特定疾病保険金が支払われる。

特定疾病保険金が支払われると契約は消滅する。

特定疾病保険金の支払い対象となる**前に死亡**した場合には、**死亡保険金**が支払われ保険は消滅する。

■所定の状態

ガン：契約後に初めてガンにかかったと医師によって診断確定されたとき
急性心筋梗塞：契約後に急性心筋梗塞となり、医師の診療を受けた初診日から60日以上労働が制限される状態が継続したと医師によって診断確定されたとき
脳卒中：契約後に脳卒中になり、医師の診察を受けた初診日から60日以上、言語障害、運動失調、まひなどの神経学的後遺症が継続したと医師によって診断されたとき

9 無選択型保険・限定告知型保険（引受基準緩和型保険）

・無選択型保険：契約にあたり健康状態に関する告知や医師の診査がない保険。契約後２年など一定期間に病気により死亡した場合、死亡保険金ではなくすでに払い込んだ**保険料相当額**を受け取れる。なお、災害死亡の場合は、契約当初から死亡保険金が受け取れる。
・限定告知型生命保険：契約時に医師による診査がなく、健康状態について告知する項目が通常より少ない保険。保険会社の支払いリスクが高いため、保険料も高めになる。

10 変額保険

株式や債券を中心に資産を運用し、その運用実績によって保険金や解約返戻金が変動する保険。満期保険金がある有期型と、一生涯保障が続く終身型、個人年金タイプの変額個人年金がある。

定額保険（運用実績にかかわらず保険金額が一定で、運用リスクは保険会社に帰属する）は「一般勘定」で運用されるが、変額保険は「特別勘定」で運用され、運用リスクは契約者に帰属する。なお、死亡保険金（および高度障害保険金）は契約時に定めた**基本保険金額が保証**されているが、**満期保険金額・解約返戻金額は保証**されていない。

（1）特別勘定とは

変額保険の資産を管理運用する勘定。運用結果を直接的に契約者に還元することを目的として、他の財産と区分して経理される。定額保険にかかわる資産を管理運用する一般勘定とは明確に区分される。

■変額保険（有期型）の仕組み

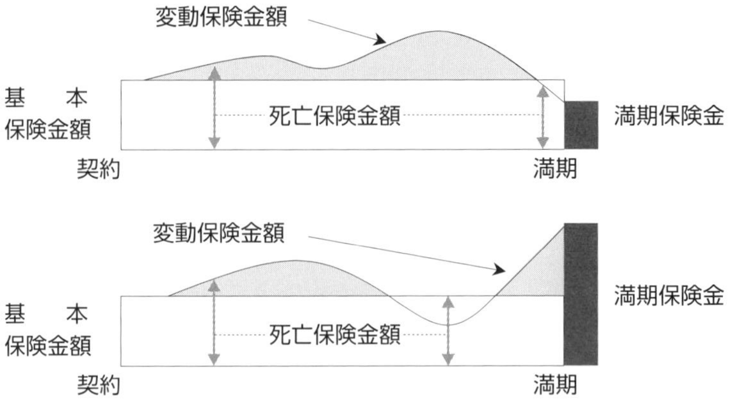

(2) 変額個人年金保険

資産運用実績により、受け取る年金や解約返戻金が変動（増減）する自己責任型（運用リスクは契約者）の個人年金保険（生命保険会社の商品）で、変額保険の一種。

なお、年金受取開始前に被保険者が死亡した場合の死亡給付金には、一般的に保険料相当額が**最低保証**される。

■年金原資が払込保険料を上回った場合（保険料一時払）

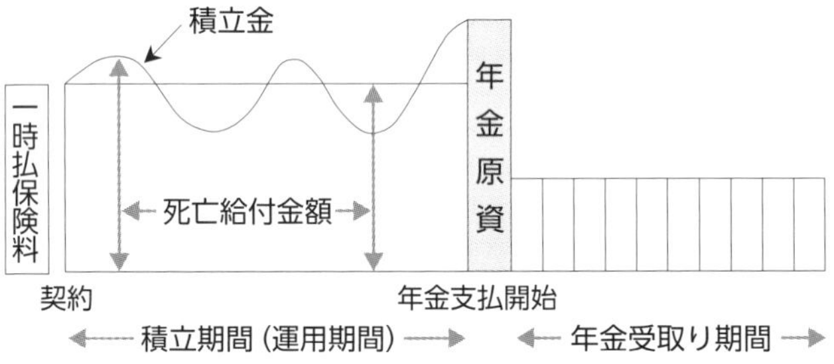

11 外貨建保険

養老保険や終身保険、個人年金保険などの保険種類について、保険料の払込みや保険金の受け取りを外貨建てで行う仕組みを取り入れたもの。

海外の比較的高い金利を反映することで、一般に予定利率を高く設定している。毎回一定額の**円貨**を保険料に充当する方法（ドルコスト平均法）を選択すると、為替変動リスクを軽減できる。

円入金特約や円換算支払特約が付加されていることも多く、払込保険料は円貨で支払い、保険金等を受け取るときも円貨に換えて受け取ることができる。ただし**為替変**

動リスクを回避することはできない。
為替レートの変動により、受け取る円換算の保険金額などが契約時における円換算後の保険金額を下回る場合や、受け取る円換算後の保険金額などが払込保険料の総額を下回ることがある。外貨を円に交換する際には**為替差損益が生じる**可能性がある。
なお、外貨建保険の邦貨換算は、相続税・贈与税の対象となる場合、支払事由該当日におけるTTBにより行われ、邦貨換算後の税額計算については、邦貨建の契約と取扱いは同じである。

■外貨建て個人年金のイメージ図

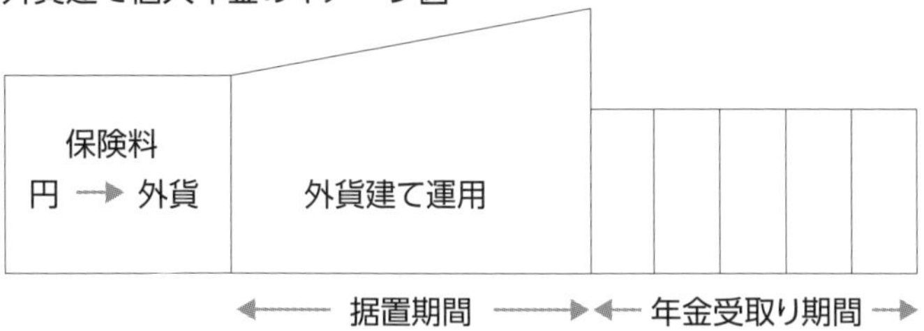

12 市場価格調整（MVA）を利用した保険

終身保険、養老保険、個人年金保険などの保険商品（外貨建保険を含む）について、市場価格調整により解約返戻金が変動する仕組みを取り入れたもの。
一般に、中途解約時に積立金額に所定の「市場価格調整率」を用いて、解約時の運用資産の価値を解約返戻金に反映（控除・加算）する。
よって、市場金利に応じた運用資産の価格変動が解約返戻金に反映されるため、市場金利の変動により解約返戻金が払込保険料の総額を**下回る**ことがあり、損失が生じることがある。具体的には、途中解約時の市場金利が契約時と比べ**上昇**した場合、解約返戻金は**減少**し、逆に**下落**した場合は**増加**する。

13 個人年金保険

支払われる年金はその原資により、保険料を原資とし、契約により支払いが保証されている「**基本年金**」と、年金開始前の積立配当金を原資とする「**増額年金**」、年金開始後の配当金を原資とする「**増加年金**」の3つの部分に分かれているが、支給の際にはこれらがまとめて支払われる。

■個人年金保険の概念図

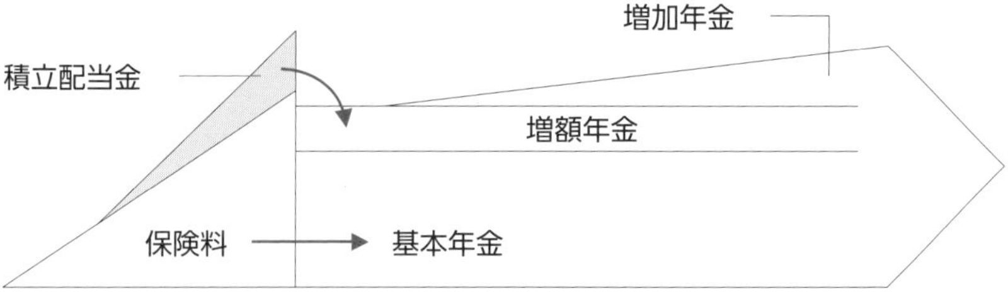

個人年金保険とは、契約時に定めた一定の年齢から年金が受け取れる保険商品であり、年金の受取期間により、「終身年金」「保証期間付終身年金」「確定年金」「有期年金」「保証期間付有期年金」「夫婦年金」のように分類される。

保険料払込期間中に被保険者が死亡した場合、一般に既払込保険料相当額が死亡給付金受取人に支払われ、保証期間または確定年金の年金支払期間中に被保険者（＝年金受取人）が死亡した場合、遺族に対し、残存期間分の年金または残存期間分の年金原資が支払われる。

終身年金の保険料は、契約内容を同一とする場合、被保険者が女性の方が男性よりも高くなる。

・終身年金：生存している限り年金が支払われる。死亡した時点で年金は打ち切られる。

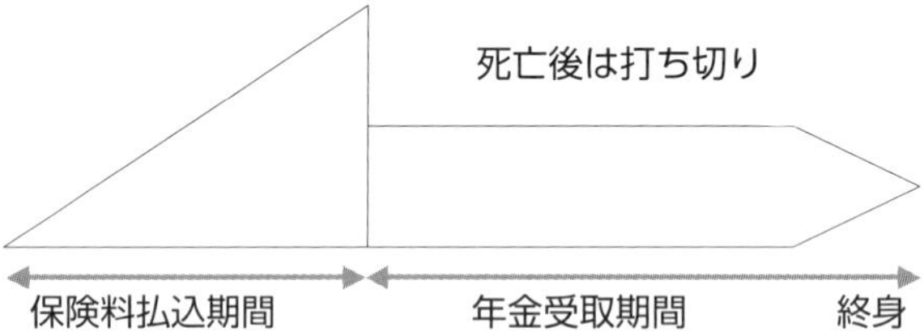

・保証期間付終身年金：保証期間中は生死に関係なく年金が支払われ、その後は生存している限り年金が支払われる。保証期間中に死亡した場合、残りの保証期間に対応する年金または一時金が遺族に支払われる。

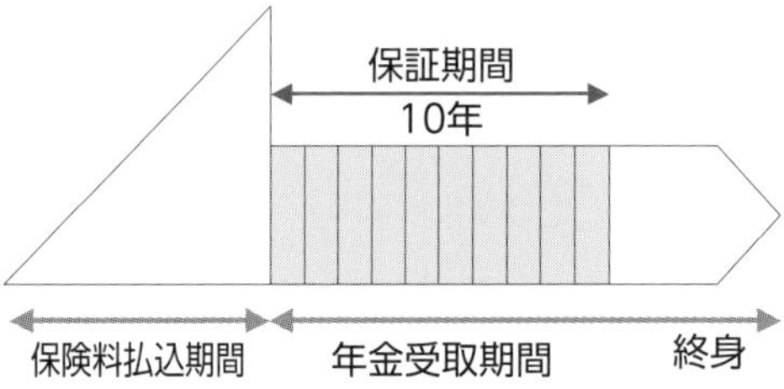

・**確定年金**：生死に関係なく一定期間だけ年金が支払われる。年金受取期間中に死亡した場合、残りの期間に対応する**年金または一時金が遺族に**支払われる。

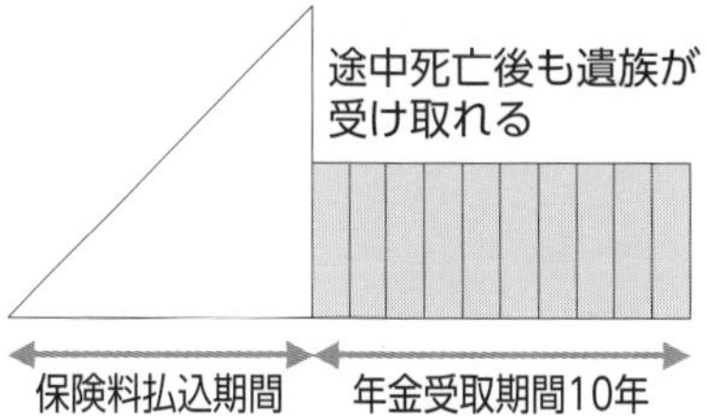

・**有期年金**：生存している限り一定期間だけ年金が支払われる。年金受取期間中に死亡した場合、その時点で年金は打ち切られる。

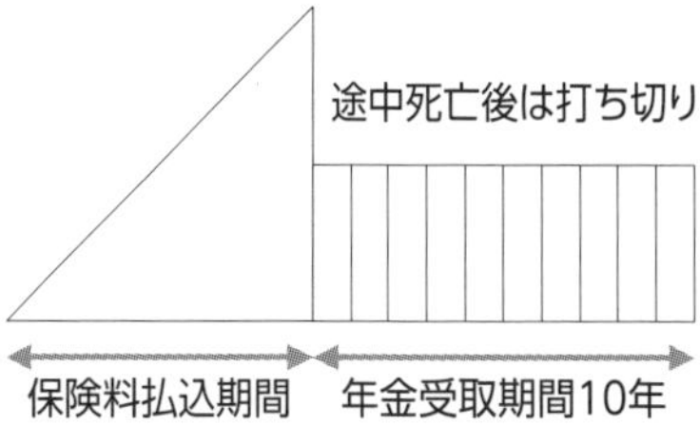

・**保証期間付有期年金**：保証期間中は生死に関係なく年金が支払われ、その後は生存している限り一定期間だけ年金が支払われる。保証期間中に死亡した場合には、残りの保証期間に対応する**年金または一時金が遺族に**支払われる。

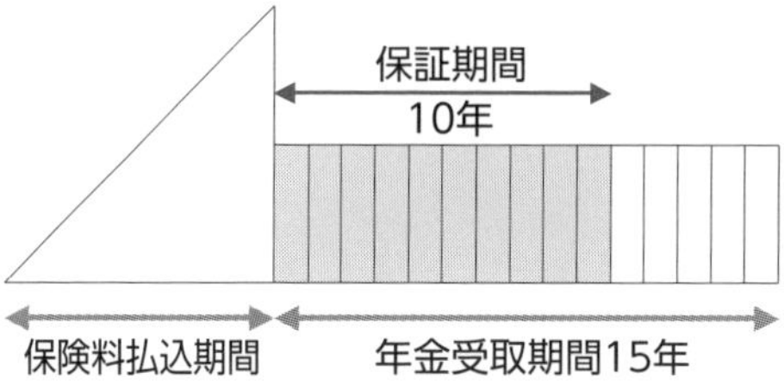

・**夫婦年金**：夫婦のいずれかが生きている限り年金が支払われる。まず被保険者に年金が支払われ、被保険者の死亡後は配偶者が死亡するまで同額の年金が支払われる。

（注）「保証期間付夫婦年金」の場合は、保証期間内であれば２人が死亡しても残りの保証期間に対応する年金または一時金が遺族に支払われる。

14 トンチン年金

トンチンとは、死亡時の支払額を抑え、**生存している他の加入者の年金額を大きくする仕組み**をいう。考案者の名前に由来し、長生きすれば得になる保険（年金）である。

年金支払開始前に被保険者が死亡または解約した場合の支払額を大幅に抑え（死亡保障がないものもある）、その分、年金額を大きくしている。そのため、年金支払開始前に解約する場合、どの時点でも解約返戻金の額が払込保険料を下回る。

基本的な年金種類は終身年金であるが、保証期間付終身年金や確定年金を選択できる商品もある。終身年金や保証期間付終身年金では、受取回数によっては年金受取総額が払込保険料総額を下回る。したがって、長寿であれば得であるが、短命となってしまった場合は年金受取総額が払込保険料総額を下回る。

15 総合福祉団体定期保険

従来のＡグループ保険から1996年に変更され、被保険者同意を強化した保険。

総合福祉団体定期保険は、１年更新の定期保険であり団体で加入する料率を適用するため、被保険者が個人で定期保険に加入するよりも保険料は安くなるケースが多く、手続きも簡単である。若年者の保険料は、「平均保険料率」に比べて「年齢群団別保険料率」を適用する方が**割安**になる。従業員の遺族保障資金として会社の従業員規程に合わせて準備する。

また、被保険者となる役員・従業員は、10人以上が加入条件となるため、人数の少ない企業の場合、この保険の活用はできない。

(1) 契約形態

① 契約者：法人

② 被保険者：**役員・従業員**

③ 保険金受取人：**被保険者の遺族**（被保険者の同意があれば**法人も可**）

(2) 保険金額

主契約、災害総合保障特約とヒューマン・バリュー特約に区分される。

・主契約：死亡保険金が規程※等に基づき役員・従業員の遺族に支払われる。

・災害総合保障特約：不慮の事故による障害・入院給付があり、**被保険者である役員・従業員が受け取る**（被保険者の同意のうえ法人を受取人とすることができる）。

・ヒューマン・バリュー特約：役員・従業員の死亡に基づき法人の経済的損失を補償するものとして**法人が受け取る。主契約と同額（2,000万円限度）**まで加入することができる。

※　規程とは、死亡退職金規程など。

(3) ヒューマン・バリュー特約

ヒューマン・バリュー特約とは、役員・従業員に万一のことがあった場合に法人が負担すべき諸費用の財源を確保し、役員・従業員が**死亡**または**高度障害状態**になった場合の死亡保険金または高度障害保険金は**法人が受け取る**。

役員・従業員の死亡に伴う諸費用の発生例としては、代替者の採用、育成経費、代替雇用者が育成されるまでの間の企業収益低下に備える保全費用、遠隔地での死亡の場合、遺族の渡航費用、葬儀費用のうち団体が負担すべき費用である。

特約の付加には**被保険者の同意が必要**となる。

(4) 被保険者同意

従業員、役員が**被保険者**になることを**同意**することが要件。

(5) 経理処理

保険料は損金算入。従業員に課税関係はない。

ただし被保険者が役員のみで死亡保険金受取人をその遺族としている契約では、被保険者の給与となる。

(6) 診査

原則として**告知書扱い**。健康で正常に勤務または就業している団体の所属員であれば可能であり、**医師の診査は必要ない**。

(7) 保険金請求時の遺族の了承

死亡保険金受取人が法人である場合には、死亡保険金の請求手続きをする際に、被保険者の**遺族の同意が必要**である。

(8) 保険料率

総合福祉団体定期保険の保険料率は、平均保険料率が適用される。平均保険料率と年齢群団別保険料率を比べた場合、若年者の保険料は、年齢群団別保険料率のほうが**割安**となるが、平均保険料率では**割高**となる。一方、中高年者の保険料は、平均保険料率のほうが**割安**となるが、年齢群団別保険料率では**割高**となる。

16 特約の種類と内容

特約は、一般に主契約の保険期間に合わせた更新型から終身型まで、ニーズに合わせた保険期間を選択できるものもある。

第三分野の保険、それ以外の保険や特約も含めて参考として下表に記載する。

(1) 不慮の事故・病気入院に備える（医療特約・他の特約）

名称など	主な給付名称	一般的な概略
災害割増特約	災害死亡保険金	不慮の事故で180日以内に死亡・高度障害状態、特定感染症により死亡・高度障害状態のとき保険金を支払う
傷害特約	災害死亡保険金 障害給付金	不慮の事故で180日以内に死亡・高度障害状態、特定感染症により死亡・高度障害状態のとき保険金を支払い、身体障害状態のとき給付金を支払う
特定損傷特約	特定損傷給付金	不慮の事故により180日以内に「骨折」「関節脱臼」「腱の断裂」の場合、入院の有無を問わず一定の金額を支払う。通算10回限度
疾病入院（特約）	疾病入院給付金	病気で５日以上入院したとき入院５日目から給付金を受け取れる（５日型）。１入院支払限度日数は60日、120日、180日、360日、1000日等。通算日数は700日、1095日等。日帰り入院から受け取れる保険会社も多い
	手術給付金	病気・不慮の事故で所定の手術をしたとき、入院給付金日額の10倍・20倍・40倍の手術給付金が支払われる 一律10倍、一律20倍、給付金なし等の商品もある
災害入院特約	災害入院給付金	医療保険の場合、災害入院保障がセットになっている。不慮の事故で180日以内に入院したとき入院５日目から支払われる。日帰り入院から支払う保険会社も多い
短期入院特約	短期入院給付金	病気やケガで継続して２日以上入院したとき１日目より受け取れる。１入院４日が限度、通算60日限度
通院特約	通院給付金	入院給付金の支払対象となった入院をした後、同病気治療のための120日以内の通院について給付金（30日限度）を支払う

(2) 特定の疾病などに備えるもの

名称など	主な給付名称	一般的な概略
成人病入院特約 生活習慣病入院特約	成人病入院給付金（生活習慣病入院給付金） 生活習慣病手術給付金	ガン・心疾患・脳血管疾患・高血圧性疾患・糖尿病で入院したときに支払われる 生活習慣病として上記の他、肝硬変、慢性腎不全等まで範囲を広げている保険会社もある
ガン入院特約	ガン入院給付金 ガン診断給付金 ガン手術給付金 ガン通院給付金	ガン入院給付金は、ガン治療目的の入院について１日目から支払われる（無制限） 初めてガンと診断されたとき（一定年数経過時のガン診断）に診断給付金が支払われる ガンによる手術、ガン入院したあとの通院（５日・20日以上など規定あり）についてガン手術給付金、通院給付金が支払われる
女性疾病入院特約	女性疾病入院給付金 女性疾病手術給付金	女性特有の病気（乳ガン、卵巣ガン、子宮ガン、子宮内膜症、子宮筋腫、妊娠の合併症、分娩の合併症、関節リュウマチ、腎不全など）の入院について給付金を支払う 女性疾病を直接の原因とした治療を目的とした手術について手術給付金を支払う

先進医療特約	先進医療給付金	病気やケガにより、厚生労働大臣に療養時に承認されている先進医療を適合する病院または診療所で治療を受けたとき、その技術料に応じた給付金を支払う。通算1,000万円、2,000万円を上限としている会社もある

(3) 介護特約（保険）

約款に定める所定の要介護状態になり、その状態が一定期間継続したと医師により診断確定された場合、介護一時金や介護年金（または併給）を受け取ることができる。

年金は一定期間または一生涯受け取れる（受取期間中に所定の状態に該当しなくなった場合、年金が停止されるものと停止されないものがある）。

また、上記内容に加え公的介護保険の要介護認定に連動して受け取れるものもある。

- 死亡した場合には、死亡給付金が受け取れる（介護年金と同額のものもある）。死亡給付金が支給されないものもある。
- 保険期間が一定の定期型と一生涯保障の終身型、年金給付型がある。

(4) 総合医療特約

災害入院特約と疾病入院特約を組み合わせた特約。創傷処理やデブリードマンなどの手術は手術給付金の支払対象外。

(5) リビング・ニーズ特約

- 原因にかかわらず余命6カ月以内と診断された場合に、保険金の全部（一般に**3,000万円限度**）または一部を生前に受け取れる。
- 特約の保険料は必要ないが、リビング・ニーズ特約保険金を請求する場合、指定保険金額から**6カ月分の保険料**と**その利息**が差し引かれて保険金が支払われる。請求した部分の保険は消滅し、以降該当部分に相当する保険料の支払いは必要なくなる。また、保険金全額を請求する場合、保険契約は消滅する。

4 第三分野の保険とは

人のケガ、病気、介護、就業不能状態などに備える保険は、生命保険分野（第一分野の保険）にも損害保険分野（第二分野の保険）にも属さず「第三分野の保険」に該当する。

生命保険	人の生死に関して一定金額の保険金を支払う契約（第一分野の保険）
損害保険	偶然の事故によって生じる物の損害に応じて保険金を支払う（実損払い）契約（第二分野の保険）
第三分野の保険	人のケガや病気などに備える契約

第三分野の保険を主契約として契約する単体加入型と、特約として主契約に付加する特約型に分かれる。

生命保険の分野で紹介した災害入院特約、疾病入院特約、生活習慣病入院特約、女性疾病入院特約、通院特約、先進医療特約、ガン入院特約および損害保険の分野で紹介している傷害保険なども第三分野の保険に該当する。

ここでは、医療保険、ガン保険、所得補償保険、就業不能保険、認知症保険を中心に記載する。

5 第三分野の保険商品

1 医療保険（特約）

医療保険とは、公的医療保険で保障される治療費以外に負担する食事代や差額ベッド代などの負担について、公的医療保険で賄えない部分について備えることができる。

保険期間	終身医療保険：一生涯 定期医療保険：一定期間
保険料支払期間	短期払い：一定期間 終身払い：一生涯

多くの医療保険や医療特約では、退院から**180日**以内に同じ病気で再入院した場合には、２つの入院を１つの**入院**として扱うルールを設けている。

また、近年では、医療技術の高度化により入院日数は短期化する一方で、入院にかかる医療費は増加する傾向にある。そのため、入院にかかる治療費の自己負担額や諸費用に対して実費で備える実費型の医療保険などもある。

2 ガン保険

保障の対象をガンに絞り、診断・入院・手術・通院・在宅療養給付など幅広く保障する保険。保険期間が一定の定期型（更新可能）と終身保障の商品がある。

医療保険と異なり、一般にガン入院給付金支払日数は**無制限**となっている。責任開始期から**90日間**程度の免責期間（待ち期間）を設けているものが多く、その間にガンと診断された場合には給付の対象とならない。

（注）ガン死亡保険金は、ガンが原因で死亡した場合に支払われる。ガン以外で死亡したときには死亡保険金がないか、ガンによる死亡よりも少額の死亡保険金となることが一般的である。

3 所得補償保険

病気やケガにより、就業不能な場合に保険金が支払われ所得の喪失を補償する保険である。保険金支払いの対象となるのは、「全く仕事ができない状態」なので、入院しているかは問題ではない。補償は、一定の免責期間を経過した時点から開始して、あらかじめ設定しているてん補期間が最長になる。

4 就業不能保険

就業不能保険は、被保険者が傷害または疾病により、長期間働けなくなり収入が途絶えることを保障する保険である。入院していなくても所定の要件（就業不能状態）

に該当し、所定の期間が経過すると保険金や給付金が一時金や年金形式で支払われる。商品によっては、**精神疾患による就業不能を保障するものもある**。

5 認知症保険

認知症保険は、被保険者が所定条件を満たす認知症または認知症による介護状態となった場合に保険金・給付金が支払われる。

一般に医師によりアルツハイマー病の認知症や血管性認知症等に該当する器質性認知症と診断された場合に保険金・給付金の支払対象となる。また、認知症の前段階である軽度認知障害（ＭＣＩ）を保障する商品も販売されている。

6 介護保険

介護保険は、要介護状態になった場合に、一時金や年金が受け取れる保険である。年齢や保険期間等の契約内容が同一の場合、女性は男性よりも長寿の傾向があることから、保険料は、被保険者が男性よりも女性のほうが高くなる。

チェックテスト

(1) 責任開始期（日）は、一般に、「申込み」「告知・診査」「第1回目保険料（充当金）の払込み」「保険会社の承諾」の順に手続きが行われた場合には、「保険会社の承諾」の日となる。

(2) 失効した生命保険契約を復活した場合、復活後の保険料は、復活時の年齢で計算されず、失効前の契約の保険料率が適用される。

(3) 失効した生命保険を復活した場合、責任開始期（日）は、その契約が失効した日となる。

(4) 保険料払込猶予期間を超えても、解約返戻金の範囲内で保険料を自動的に生命保険会社が立て替え、契約を有効に継続させる制度を自動振替貸付制度という。

(5) 延長（定期）保険は、保険料の払込みを中止し、その時点での解約返戻金をもとに元の保険金額と同額の定期保険に変更するもので、一般に、変更後の保険期間は、元の保険期間より短くなる。

(6) 既加入保険を払済保険に変更する場合、付加している各種特約は消滅するが、一般に、リビング・ニーズ特約は継続される。

(7) 個人年金保険料税制適格特約が付加された個人年金保険は、契約日から10年間は払済年金保険に変更することができない。

(8) 総合福祉団体定期保険は、原則として無告知・無診査で加入することができ、役員および従業員を被保険者とすることができる。

(9) ヒューマン・バリュー特約は、役員および従業員の死亡等による企業の経済的損失に備えるための特約であることから、死亡保険金の受取人は、契約者である企業に限定されている。

(10) 介護保険において、年齢や保険期間等の契約内容が同一である場合は被保険者が男性よりも女性の方が保険料が高くなる。

解答

(1) ×	(2) ○	(3) ×	(4) ○	(5) ○
(6) ○	(7) ○	(8) ×	(9) ○	(10) ○

第7章

損害保険の基本用語と保険商品

過去の出題状況	2022.5	2022.9	2023.1	2023.5	2023.9	2024.1
損害賠償と法律						
火災保険／地震保険		☆	☆		☆	
自動車保険	☆		☆	☆		
その他の保険商品	☆	☆		☆	☆	☆

1．損害保険の基本用語

損害保険は、生命保険と似た用語が多いが、損害保険独特の用語もある。

2．損害賠償と法律

損害賠償は民法で規定されているが、特別法がある場合には民法に優先して適用する。

3．損害保険商品

損害保険商品には、リスクの分類により「物保険」「人保険」「賠償責任保険」などがある。

1 損害保険の基本用語

1 損害保険の基本用語

① **告知義務**：保険契約者または被保険者は、契約の締結に際し、損害保険契約によりてん補することとされる損害の発生の可能性に関する重要な事項のうち保険者が告知を求めた告知事項について事実の告知をしなければならない。

② **被保険利益**：ある物に偶然に事故が発生することにより、ある人が損害を被るおそれがある場合に、そのある人とある物との間にある利害関係を被保険利益という。損害保険契約は損害に対し保険金を支払うことを目的とするから、その契約が有効に成立するためには、被保険利益の存在が前提となる。

③ **免責金額**：自己負担する金額である。

免責金額を超える損害については、保険金から免責金額を控除した金額を支払う方式と、損害額の全額を支払う方式とがある。

④ **元受保険**：再保険に対応する用語で、ある保険契約について再保険がなされているとき、再保険契約に対してその保険契約を元受保険という。また、保険会社が個々の契約者と契約する保険のすべてを指す場合がある。

⑤ **再調達価額**：保険の対象と同等のものを新たに建築、あるいは購入するために必要な金額をいう。この再調達価額から経過年数や使用損耗による減価を差し引いた額が時価（額）である。時価（額）を基準にして保険金を算出する保険が多いが、火災保険の価額協定保険（特約）や新価保険などにおいては、再調達価額を基準にして保険金を算出する。

⑥ **時価（額）**：同等のものを再取得するのに必要な金額から、使用による消耗分を控除して算出した金額をいう。

⑦ **保険価額**：被保険利益を金銭に評価した額であり、保険事故発生の場合に被る可能性のある損害の最高見積額となる。

⑧ **保険金額**：保険をいくら付けるかという場合の「いくら」にあたる金額を指す。「事故によって損害が発生したら、この金額を最高限度として支払います」と契約の際に契約者と保険会社の間で約束した金額、つまり契約金額のことである。

⑨ **比例払方式**：事故によって損害が発生したとき、保険金額（契約金額）が保険を付けていた物の価額（時価）より不足している場合に、その不足する割合に応じて保険金を削減して支払う方式をいう。

⑩ **全　損**：保険の対象が完全に滅失した場合（火災保険であれば全焼、全壊）や、修理、回収に要する費用が再調達価額または時価（額）を超えるような場合のことをいう。前者の場合を現実全損（絶対全損ともいう）、後者の場合を経済的全損（海上保険の場合は推定全損）という。なお、これらに至らない損害を分損という。

■全部保険・一部保険・超過保険

全部保険	保険金額と保険価額が同額の保険のこと 損害額は全額保険金として支払われる（実損払方式）
一部保険	保険金額が保険価額より小さい保険のこと 損害額が保険金額の範囲内であっても、保険金額と保険価額の割合により保険金が削減される（比例払方式）
超過保険	保険金額が保険価額より大きい保険のこと 「利得禁止の原則（保険による不当利得は認められない）」 契約者が善意で重大な過失がない場合、超過部分の契約は取り消すことができる。損害額は全額保険金として支払われる

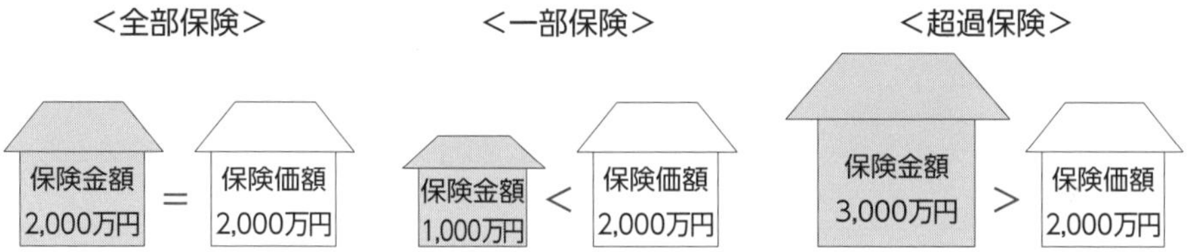

2 損害賠償と法律

1 火災と法律

軽過失（ちょっとした不注意）による火災（失火）で隣家に延焼損害を与えてしまった場合には、民法709条の不法行為責任に優先して「失火の責任に関する法律」（以下「失火責任法」という）が適用される。この結果、民法709条は適用されず、失火責任法により隣家に対する損害賠償責任は負わないことになる。ただし、重過失（著しい注意欠如）または故意による失火、爆発事故や爆発に伴う発火による火災の場合は、火元が損害賠償責任を負うことになる。

賃貸住宅の場合、借りている部分の火災による損害は、民法415条の債務不履行責任となるため、失火責任法の適用はされず、火災を起こした借家人は、軽過失であっても、家主に対して損害賠償責任を負うことになる。

<table>
<tr><th>原因</th><th>隣家への賠償</th><th>家主への賠償</th></tr>
<tr><td>軽過失
による失火</td><td>損害賠償責任を負わない
（失火責任法の適用）</td><td rowspan="2">損害賠償責任を負う
（民法の債務不履行責任）</td></tr>
<tr><td>爆発による損壊
重過失または
故意による失火</td><td>損害賠償責任を負う
（民法の不法行為責任）</td></tr>
</table>

3 損害保険商品

日常生活や企業活動において、偶然の事故により、大きな損害を被ることもありうる。損害保険商品にはこれらのリスクに対するさまざまな商品が準備されている。

■損害保険商品

物保険	偶然の事故を原因とする「物」に対する損害を補償する保険。火災保険、自動車保険（車両保険）、動産総合保険、盗難保険などがある。
人保険	「人」に対する損害を補償する保険で各種の傷害保険がある。
賠償責任保険	偶然の事故によって負った法律上の賠償責任をカバーする保険。施設賠償責任保険、請負賠償責任保険、生産物賠償責任保険、店舗賠償責任保険、自動車保険（対人賠償保険、対物賠償保険）、個人賠償責任保険、ゴルファー保険などがある。
その他	損害保険では、「物」や「人」の損害や賠償責任を負うことによって負担した損害以外の損害を補償対象としている保険がある。このタイプの保険には、火災利益保険などがある。けがや病気による休業損失、医療費の負担、あるいは老後に備える、所得補償保険、医療（費用）保険、介護（費用）保険、ガン保険などについては、「その他の保険」に分類されることもある。

1 火災保険

火災保険は、火災等を原因とする建物や家財等の損害に対し保険金額を限度として補償する保険である。保険期間は最長５年（2022年10月より）である。

火災保険の保険料は、保険の対象となる所在地や建物の構造、用途などによって異なる。住宅建物の構造により、M構造（コンクリート造り共同住宅）、T構造（コンクリート作り・鉄骨造り戸建て）、H構造（木造住宅）に区分され、**保険料率は、H構造が高く、M構造が低い**。店舗などの一般物件ではその構造により、１級、２級、３級に区分され、保険料率は、３級が高く、１級が低い。また、保険期間が１年を超える**長期契約の保険料を一括して支払うときは、所定の割引率が適用される**。

保険金額は建物または動産（家財、設備、什器、備品、商品など）を別々に設定する。建物・家財を同一の保険証券で引き受けた場合に、家財の保険料にセット割引を適用できる場合がある。住宅物件などは、補償の対象となる建物に付属して家財のみを収容する物置・納屋、自家用専用車庫、および門・塀・垣などの屋外設備・装置を**補償の対象とすることができる**。

補償内容の主なものは、火災、落雷、破裂・爆発、風災・雹災（ひょう災）・雪災、水災、水濡れ、盗難、物体の落下・飛来、衝突・接触、倒壊による損害などとされているが、一部の補償内容について補償しない商品もある。ただし、上記の補償内容の主な注意点は次のとおり。

・**風、雨、雪等の吹込みによる損害は、建物等の外側**（外壁、屋根、開口部等）が風災等の事故により**破損し**、その部分から**建物内部に吹込むことによる損害に限られる**。

・台風、暴風雨、豪雨などに伴う土砂崩れによる損害は水災として取り扱う。
・保険の対象の欠陥、消耗、ねずみ食い・虫食いなどは補償しない。
・生活用の通貨・預貯金証書は盗難が生じた場合に限り、保険の対象となる（屋外にある間を除く）。なお、盗難によって建物または家財に生じた盗取、損傷または汚損の損害は補償の対象となる。
・隣家で発生した火災の消火活動による水濡れで損害を被った場合、補償対象となる。

火災保険でいう保険価額は、保険を付けている物件の評価額（時価額）となる。時価額とは再取得価額から減価償却分を控除した価額である。ただし、価額協定保険特約を付帯した場合は、原則として再取得価額（再調達価額）により契約する。

現在の火災保険は、各保険会社により補償内容の簡素化など補償内容が異なる場合が多いことには注意が必要である。

保険の対象が家財の場合、**自動車**や自動二輪車等を除き、住宅**敷地内**にある**原動機付自転車**（125cc以下）**や自転車を補償する**。また、一個または一組の価額が30万円超の貴金属、書画、骨董等は「**明記物件**」といい、契約時に**申込書に明記しないと保険の対象に含まれない**。

建物および家財の水漏れ、破損、汚損について免責金額が最低５万円に引き上げられている。

（1）価額協定保険特約

火災保険の保険金額は、基本的には契約時の時価を基準に設定するが、時価は年数とともに変わっていくため、全部保険でも実際には保険金だけで同等の家を建て直すことができない。

価額協定保険特約とは、建物については新価（**再調達価額**）、家財は新価（再調達価額）または時価額で保険金額を設定する。新価（再調達価額）で保険金額を設定すると、保険金額を限度として実際の損害額が支払われるため、全部保険であれば、保険金だけで同等の家を建て直すだけの補償を得ることができる。

① 建　物――新価
② 家　財――新価または時価（どちらかを選択して契約する）

（2）地震火災費用保険金について

従来型火災保険において地震・噴火・津波を原因とする火災によって損害が生じた場合、それによって臨時に生じる費用に対して、地震保険の契約とは関係なく地震火災費用保険金が支払われる。

① 建物が半焼以上となった場合、建物の保険金額の５％（300万円限度）が支払われる。
② 家財が全焼となった場合、または家財を収容する建物が半焼以上となった場合、家財の保険金額の５％（300万円限度）が支払われる。

(3) 店舗休業保険

小売り、卸売り、サービス業などの店舗や、製造業の作業場が、火災などの事故により営業が休止または阻害されたために生じた粗利益の損失を補償する保険である。いわば利益保険の中小企業向け商品である。

2 地震保険

地震保険は、被災者の生活の安定に寄与することを目的とする「地震保険に関する法律」(以下「地震保険法」という)に基づき、政府と民間の保険会社が共同で運営する公共性の高い保険である。

(1) 地震保険の特徴

居住用の建物および生活用の動産(家財)を保険の対象とし、地震・噴火・これらによる津波(以下「地震など」)を直接・間接の原因とする火災、損壊、埋没、流失による損害を補償する保険である。

企業などの商業ビルや工場などの企業分野は対象としておらず、企業は火災保険の特約などで地震のリスクを補償することになる。

(2) 補償内容・保険料は各社同一

地震保険は、公共性の高い保険であることから、**補償内容および保険料は各保険会社で同一**となっている。また、保険料には、通常の保険とは異なり、保険会社の利潤は含まれていない。保険契約者が支払った保険料は、将来発生する地震による保険金支払いに備えて積み立てられる。

(3) 自動付帯

地震保険は原則**自動付帯**となるため、主契約(火災保険)を締結する際に、保険契約者から「地震保険を付帯しない」旨の申し出がない限り、地震保険を付帯して引き受けることになる。地震保険は、**単独で契約することができず、火災保険などに付帯して契約する必要がある**。

保険契約者の意思を適切に確認するため、主契約の締結時に地震保険を付帯しない旨の申し出があった場合には、保険契約申込書の「地震保険ご確認欄」に**地震保険を付帯しない旨の意思確認としての契約者の押印が必要**である。

地震保険の保険金額は、火災保険の保険金額とは別々に定めることとなり、主契約の**30%から50%の範囲内**で設定する。ただし、**建物は5,000万円、家財は1,000万円**が上限となる。

	主契約の保険金額に対する付保割合	限度額
建　物	30～50%	5,000万円
家　財		1,000万円

(注) **既加入の火災保険に中途付加することができる。**

(4) 地震保険の保険料

地震保険の保険料は、所在地（都道府県）および建物の構造（構造区分）により異なり、所在地による等地区分は**3区分**（1等地より3等地の危険度が高い）とされ、各都道府県が振り分けられている。また、建物の構造は2つ（イ構造、ロ構造）に区分されている。

■等地区分（都道府県別）：2022年10月1日以降の保険始期の契約に適用

区分	都道府県
1等地	北海道、青森県、岩手県、秋田県、山形県、栃木県、群馬県、新潟県、富山県、石川県、福井県、長野県、岐阜県、滋賀県、京都府、兵庫県、奈良県、鳥取県、島根県、岡山県、広島県、山口県、福岡県、佐賀県、長崎県、熊本県、大分県、鹿児島県
2等地	宮城県、福島県、山梨県、愛知県、三重県、大阪府、和歌山県、香川県、愛媛県、宮崎県、沖縄県
3等地	茨城県、埼玉県、千葉県、東京都、神奈川県、静岡県、徳島県、高知県

■建物の構造

イ構造 … 火災保険の構造級別が「M構造」「T構造」「A構造」「B構造」「S級」「1級」「2級」の場合

ロ構造 … 火災保険の構造級別が「H構造」「C構造」「D構造」「F構造」「3級」「4級」「6級」の場合

保険期間は**1年**（**最長5年**）。ただし、主契約の保険期間が**2年以上5年以下**であれば、主契約の保険期間と同じにするか、保険期間**1年の自動継続**にする。

主契約の保険期間が**5年超**の場合は、**5年ごとの自動継続**にするか**1年の自動継続**にする。

・割引制度

割引制度として、「建築年割引」「耐震等級割引」「免震建築物割引」「耐震診断割引」の4種類が設けられており、建築年または耐震性能により10～50％の割引が適用される（**重複不可**）。

■地震保険料の割引率

割引制度	割引の説明	保険料の割引率	
建築年割引	対象建物が、1981年6月1日以降に新築された建物である場合	10%	
耐震等級割引	対象建物が、「住宅の品質確保の促進等に関する法律」に規定する日本住宅性能表示基準に定められた耐震等級（構造躯体の倒壊等防止）または国土交通省の定める「耐震診断による耐震等級（構造躯体の倒壊等防止）の評価指針」に定められた耐震等級を有している場合	耐震等級1	10%
		耐震等級2	30%
		耐震等級3	50%

免震建築物割引	対象物件が、「住宅の品質確保の促進等に関する法律」に基づく「免震建築物」である場合	50%
耐震診断割引	地方公共団体等による耐震診断または耐震改修の結果、建築基準法（1981年６月１日施行）における耐震基準を満たす場合	10%

（5）支払い保険金

地震保険では、火災保険のように実際の損害額をもとに保険金を支払うのではなく、損害を**全損・大半損・小半損・一部損**の４区分に分類し、保険金額に一定の率を乗じた額を保険金として支払う。これは、大地震が発生した場合でも短期間に大量の損害調査を行い、迅速かつ公平に保険金を支払うことを可能にするためである。

なお、地震が発生した日の翌日から起算して10日を経過した後に生じた損害は、保険金の支払い対象とならない。

■地震保険の損害と保険金

		損害の程度	支払保険金
建物	全　損	・主要構造部の損害額が、建物の時価額の50％以上 ・焼失もしくは流失した床面積が、建物の延べ床面積の70％以上	保険金額の100％ （時価額が限度）
	大半損	・主要構造部の損害額が、建物の時価額の40％以上50％未満 ・焼失もしくは流失した床面積が、建物の延べ床面積の50％以上70％未満	保険金額の60％ （時価額の60％が限度）
	小半損	・主要構造部の損害額が、建物の時価額の20％以上40％未満 ・焼失もしくは流失した床面積が、建物の延べ床面積の20％以上50％未満	保険金額の30％ （時価額の30％が限度）
	一部損	・主要構造部の損害額が、建物の時価額の３％以上20％未満	保険金額の５％ （時価額の５％が限度）
家財	全　損	・損害額が、家財の時価額の80％以上	保険金額の100％ （時価額が限度）
	大半損	・損害額が、家財の時価額の60％以上80％未満	保険金額の60％ （時価額の60％が限度）
	小半損	・損害額が、家財の時価額の30％以上60％未満	保険金額の30％ （時価額の30％が限度）
	一部損	・損害額が、家財の時価額の10％以上30％未満	保険金額の５％ （時価額の５％が限度）

地震を原因とする**地盤液状化**により、木造建物（在来軸組工法）が傾斜または沈下し、その**最大沈下量が30cmを超える場合**、**全損**と認定される。

なお、主要構造部に損害が生じない場合、例えば**「門、塀、垣」**、エレベーター、**給排水設備**のみの損害など、**主要構造部に該当しない部分のみの損害は保険金の支払い対象とならない。**

（注）１回の地震等※による地震保険の支払保険金の総額が12兆円を超える場合、支払われる保険金は、削減されることがある。

※　72時間以内に生じた２以上の地震等は、１回の地震等とみなす（ただし、被災地域がまったく重複しない場合を除く）。

(6) 地震保険の対象になるもの

①　居住用の建物

居住用の建物（居住の用に供する建物）とは、建物の全部または一部で現実に世帯が生活を営んでいる建物であり、専用住宅や併用住宅、分譲マンションなどが該当する。よって、店舗や事務所のみに使用される建物は、地震保険の対象にはならない。

・常時、居住の用に供しうる状態にある別荘（営業用は除く）または空家（業者が所有する売却用を除く）。

・「門、塀、垣」または「物置、車庫その他の付属建物」は建物に含まれる。ただし、「門、塀、垣」は火災保険の対象として建物に含まれる場合に限定される。

・併用住宅である場合、居住用部分とそれ以外の部分について火災保険の規定に従い、それぞれ個別の保険金額を定めた場合、居住用部分のみが地震保険の対象となる。

②　生活用動産（家財）

生活用動産とは、生活の用に供する家具、衣類その他の生活に必要な動産（居住用の建物の家財）である。よって、店舗や事務所に収容されている営業用什器、備品、商品などの動産は対象とならない。また、地震の際における保険の対象の**紛失**、または、**盗難**については保険金が支払われない。

（注１）次のものは生活用動産に含まれない。

・通貨、有価証券、預金証書、印紙、切手その他これらに類する物

・自動車（125cc以下の原動機付自転車を除く）

・**貴金属**、宝石、**書画**、**骨董**、その他の美術品で**１個または１組の価格が30万円を超える物**

・稿本、設計書、図案、証書、帳簿その他これらに類する物

・商品、営業用什器、備品その他これらに類する物

（注２）契約の際は家財一式で引き受け、家財の一部のみ、または一部のみを除外して引き受けることはできない。

(7) 政府の再保険

地震等による被災者の生活の安定に寄与することを目的として、民間保険会社が負う地震保険責任を政府が再保険し、再保険料の受入れ、管理・運用のほか、民間のみでは対応できない巨大地震発生の際には、再保険金の支払いを行うために地震再保険特別会計において区分経理している。

(8) 政府の負担割合

１回の地震により支払われる民間と政府の負担割合は、**支払われる保険金額（地震発生規模）により異なる。**

3 自賠責保険と任意の自動車保険

(1) 自賠責保険の概要

自動車損害賠償保障法（自賠法）により、原則としてすべての自動車と原動機付自転車は、自賠責保険を付けなければ運行できない強制保険である。**保険料は**、保険会社で異なることはなく、**自動車の用途車種と保険期間によって定められている**。

自動車損害賠償保障法において「運行」とは、走行だけでなく、自動車を当該装置の用い方に従い用いることとされている。よって、自動車の駐停車中や、クレーン車のクレーン操作中なども対象に含まれる。

自賠責保険は、自動車事故の被害者救済と、加害者の賠償能力を確保することを目的として作られ、加害者である被保険者が自動車で他人を死傷させて、法律上の損害賠償責任を負う**人身事故に限られている**。ここでいう「他人」とは自賠法上、自動車事故の責任を負う者（これを運行供用者という）や運転手以外の者を広く指すことから**父母・子・配偶者の死傷も補償**する。

自賠責保険の被保険者は、自動車の保有者と運転者であり、保有者とは、その自動車を使用する正当な権利を持っている者をいい、通常、所有者または使用者である。したがって、例えば盗難車の運転で事故を起こしたとき、運行供用者として賠償責任を負うが自賠責保険の被保険者ではないため、自賠責保険の補償は受けられない。このような場合、被害者は政府の保障事業による救済を受けることになる。

自賠責保険の保険料の内訳としては、事故が発生した際に支払われる保険金等に充てられるもののほかに、ひき逃げや無保険車などによる被害者を救済するための、賦課金などがある。

2023年４月より、事故により重い障害が残った被害者の支援などを目的として従来の賦課金に加えて、新たな賦課金が新設された。

(2) 自賠責保険の支払い限度額

・保険金は、被害者１名ごとに支払限度額が定められている（１事故当たりの限度額はない。加害者の車両台数分に応じて支払限度額は増加する）。
・保険金が支払われても自動的に契約時の保険金額に復元する（何回事故を起こしても保険金額は減額されない）。

① 傷害　最高　120万円
② 後遺障害　最高 4,000万円（障害の程度に応じて75万円から）
③ 死亡　最高 3,000万円

（注）被害者に**70%以上の過失**がある場合、**保険金額は２割から５割ほど減額**される（重過失減額）。

保険金の請求は、加害者（被保険者）だけでなく、被害者の側からも請求することができる（被害者直接請求）。加害者の悪意によって発生した損害は保険金が支払われないが、被害者請求はできる。

■保険金請求権の時効（2010年4月1日以後の事故の場合）

		時効の起算点	時効
自賠責保険	加害者請求	・損害賠償金を支払った時 ・分割払いの場合、個々に支払った時	3年
	被害者請求	・傷害………………事故発生日から ・後遺障害…………症状固定日から ・死亡………………死亡日から	3年
	仮渡金請求	・事故の発生の時	3年
政府の保障事業への請求		・傷害………………事故発生日から ・後遺障害…………症状固定日から ・死亡………………死亡日から	3年

（注）時効の計算にあたっては、実務上、民法第140条（期間の起算）に基づき起算点の翌日となる。3年以内に請求できない場合は時効の更新ができるが、政府の保障事業への請求については、時効の更新は認められていない。

（3）保険金等の請求方法

被害者請求と加害者請求、仮渡金請求の3つがある（仮渡金は加害者から請求はできない）。

本請求	すべての治療が終わってからまとめて請求すること
内払金請求	治療中に治療費などを請求すること
仮渡金請求	被害者の当座の出費にあてるために被害者が請求すること

（4）政府の保障事業

ひき逃げや、盗難車による事故など、自賠責保険で補償されないケースで死傷した被害者救済のため、政府は自動車損害賠償保障事業を行っている。

政府の保障事業の窓口は政府から委託を受けた損害保険会社やこくみん共済coop、農協等で、どの保険会社でも受け付けている。

政府は保障事業により支払ったのち、加害者にその額を求償することになる。

① 自賠責保険と同様の補償内容（被害者に過失があるときは、補償額が減額されることがある）
② 実損てん補請求：被害者請求のみ（内払金請求、仮渡金請求の制度はない）
③ 社会保険等から給付を受ける場合や加害者から支払いがあった場合、その金額が差し引かれる

（5）任意の自動車保険

任意の自動車保険は、基本的に、①相手方への賠償責任、②搭乗者の傷害、③車両損害の3つの補償で成り立っている。

■基本的な総合型自動車保険の主な補償内容

賠償保険	対人賠償保険	自動車事故によって他人を死傷させ、法律上の損害賠償責任を負担した場合に、自賠責保険で支払われる金額を超える部分に対して保険金が支払われる
	対物賠償保険	自動車事故によって他人の財産に損害を与え、法律上の損害賠償責任を負担した場合に、その損害に対して保険金が支払われる
傷害保険	自損事故保険	自賠責保険では保険金が支払われない自損事故により、保有者・運転者・その他の搭乗者が死傷した場合に保険金が支払われる。対人賠償保険に自動付帯される
	無保険車傷害保険	対人賠償を付けていないなど、賠償資力が十分でない他の車に衝突されて死亡・後遺障害を負ったとき、その損害に対して保険金が支払われる
	搭乗者傷害保険	自動車の搭乗者が事故によって死傷した場合に、保険金が支払われる
物保険	車両保険	衝突・接触・転覆・火災・爆発・盗難・台風その他偶然の事故によって生じた損害に対して保険金が支払われる（地震、噴火、津波は補償されない） （注）一般車両保険（フルカバー）では、補償対象が広くなっているが、補償対象を「車対車」の事故に限定するエコノミータイプもある

（6）人身傷害補償保険

人身傷害補償保険は、自動車事故で被保険者がけがによる損害を負ったときに実損害額を補償する。補償範囲は広く、マイカーの保険契約では被保険自動車に搭乗中の事故に限らず、他の自動車に搭乗中の事故や、歩行中等の自動車に搭乗していない間の自動車との接触事故も家族ぐるみで補償する（一部補償を除外して契約することも可能）。

この保険では被保険者側に過失があっても、保険金額の範囲内で**過失割合**にかかわらず総損害額が保険金額の範囲内で補償される。また、相手のいない単独事故であっても同様に補償される。相手方がいる場合は、保険会社が示談交渉を行うが、示談交渉に先駆けて保険金支払いが受けられる。

損害額は一定の損害額基準に従って計算され、**治療関係費**のみならず**休業損害**や精神的損害、葬祭費、将来の介護料、**逸失利益**（将来にわたる経済的損失）も含まれる。

（7）テレマティクス保険

テレマティクス（Telematics）とは、自動車等の移動体に通信システムを組み合わせることにより、情報サービスをリアルタイムで提供することをいう。このテレマティクスを利用し、運転者ごとの走行距離や運転特性の情報を取得・分析し、保険料を算定する保険がテレマティクス保険である。

■例　被保険者の損害額が１億円の場合（保険金額１億円）

被保険者の自己負担、相手からの賠償金分はまとめて人身傷害補償保険で支払われる。

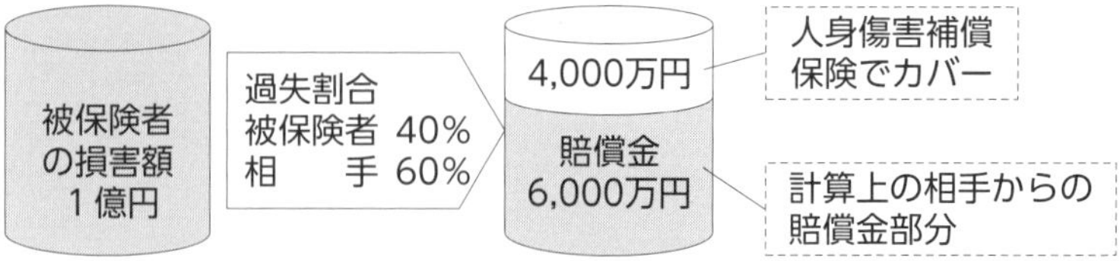

6,000万円分の請求権は保険会社が代位して取得し後日回収する。

(8) 自動車保険の保険料（ノンフリート契約とフリート契約）

① 自動車保険（任意保険）のノンフリート契約における保険料は、基本的に用途車種、保険種類、料率クラス、車両の装置・装備、保険金額、免責金額などによって決定され、さらに、現在一般に採用されているリスク細分型保険では、運転免許証の色、使用目的、年間走行距離、地域等により細分化している。

また、車両保険の保険料は、補償の範囲の違いにより「一般条件」「車対車＋Ａ」等と呼ばれるタイプに分類され、条件が同一であれば「**一般条件**」**の保険料が最も高い**。

② **ノンフリート契約**とは、契約者が所有・使用する契約台数が、他の保険会社での契約台数を含めて９台以下の場合をいう。ノンフリート契約に適用する無事故割引（割増）の等級をノンフリート等級という。

ノンフリート等級は１等級から**20等級**で表示され、等級が高いほど割引率も高くなる。**初めて自動車保険に契約するときは６等級**から始まり、１年間事故なく自動車保険を使わない場合、更新後の等級は７等級（１等級上がる）となる。

他の保険会社に切り替える場合も前契約の契約期間中の**事故の有無**などにより、新たな契約の等級が決定する。その等級に応じたノンフリート**等級別料率**は、「**無事故係数**」と「**有事故係数**」**に区分され割引率が異なる**。

一般に、**対人・対物事故**により自動車保険を使用した場合、**３等級ダウン事故**として更新後の等級は３等級下がる。

台風や洪水、**盗難**、いたずら、落書、窓ガラスの破損などにより**車両保険のみを使用**した場合は、**１等級ダウン事故**として更新後は１等級下がる。

人身傷害保険、搭乗者傷害保険や**個人賠償責任（補償）特約**、**ファミリーバイク特約のみ**が支払われる場合は、**ノーカウント事故**として、更新後は１等級上がる。

更新前の契約で「３等級ダウン事故」または「１等級ダウン事故」で保険を使用した場合、更新後の契約（７等級以上）には事故有の割引率が適用されるため、自動車保険に加入して無事故のまま契約更新した割引率と同じにはならない。無事故の契約に比べ事故有の割引率を適用した保険料の方が高くなる。

また、自動車を廃棄・譲渡した場合や海外渡航した場合など一時的に被保険自動車を所有または使用しなくなった場合には、保険契約の「**中断制度**」がある。

「中断制度」とは、一定の条件を満たす場合は**10年間**、保険会社を問わず、中断前のノンフリート等級を引き継ぐことができる制度のこと。

③　**フリート契約**とは、保険契約者が所有し自ら使用する自動車保険契約（1年以上の契約、リースカー契約を含む）の**総付保台数が10台以上**となった場合、必ずフリート契約者として登録を申請しなければならない。なお、同一契約者が異なる**複数の保険会社に分割して付保されている場合も合計する**（共済は含まない）。

基本保険料は、運転者年齢条件は適用されず、用途車種別基本保険料を適用する。フリート契約者に**適用される割増・割引**は、**契約者単位**（ノンフリート契約は自動車単位）で、一定の期間における損害率を計算して適用する**優良割引率**、**第一種デメリット料率**がある。また、10台以上の所有・使用自動車を1保険証券で同時に付保する場合、**フリート多数割引**が適用される。

4 傷害保険

傷害保険とは、被保険者が、急激かつ偶然な外来の事故によって身体に被る傷害・死亡に備える保険（病気は対象外）。事故の日から180日以内に支払われる保険金には、死亡保険金、後遺障害保険金、入院保険金、手術保険金、通院保険金がある。

傷害保険の保険金は、健康保険、生命保険、労災保険、加害者からの賠償金の受領などとは関係なく支払われる（ただし、海外旅行傷害保険は例外である）。

（1）掛捨て型の商品

<table>
<tr><th>商　品</th><th>補　償　内　容</th><th>地震
噴火
津波</th><th>細菌性
食中毒</th></tr>
<tr><td>普通傷害保険</td><td>国内外を問わず、家庭内、職場内、通勤途上、旅行中など日常生活のさまざまな事故による傷害を補償
（注）被保険者の職業･職種により保険料が異なる</td><td rowspan="3">×</td><td rowspan="2">×</td></tr>
<tr><td>家族傷害保険※</td><td>普通傷害保険と同じ補償を、家族全員を被保険者としたもの</td></tr>
<tr><td>国内旅行
傷害保険</td><td>日本国内旅行行程中（出発から帰宅まで）に被った傷害を補償
（注）細菌性食中毒も補償の対象となる</td><td rowspan="2">○</td></tr>
<tr><td>海外旅行
傷害保険</td><td>海外旅行行程中（出発から帰宅まで）に被った傷害を補償
特約により、疾病、賠償責任、携行品損害なども担保
（注）傷害により医師の治療を受けた場合には、「治療費用保険金」として治療に要した実費が支払われる
（注）細菌性食中毒、地震・噴火・津波よる傷害等も補償の対象</td><td>○</td></tr>
</table>

※　家族傷害保険の被保険者の範囲

本人のほか、配偶者および本人・配偶者と生計を同一にする同居親族と別居の未婚の子を含む。

傷害保険には、補償型（掛捨て型）の保険と、積立型（満期返戻金付き）の保険がある。

■一般的な普通傷害保険の保険金支払対象（特約は特に付帯されていない）

○ 保険金が支払われる	× 保険金が支払われない
・通勤途中で車にひかれケガをした ・テニス中に転倒し、足を骨折した ・海水浴をしていて溺死した ・ケガによる破傷風 ・仕事中のケガ ・火災による一酸化炭素中毒	・地震・噴火・津波による傷害 ・故意、無免許運転などによる傷害 ・自殺、犯罪行為による傷害 ・危険なスポーツによる傷害 ・食堂の料理が原因で細菌性食中毒を起こした ・運動中の心臓発作 ・しもやけ・靴ずれ・日射病・熱中症

（2）積立型の傷害保険

① 積立普通傷害保険

普通傷害保険に満期返戻金が付いた保険。保険料は職業や職種によって異なる。

② 年金払積立傷害保険

年金払積立傷害保険は、保険期間満了までの間、ケガにより死亡または重度後遺障害になった場合に保険金が支払われるとともに、契約が有効に存続している限り、保険期間の中途から、毎年約定の金額を年金払の給付金として支払う保険である。

保険期間中に事故によって死亡や後遺障害を被り、保険金が100％支払われると保険契約は終了し、それ以降の年金は支払われない。ただし、後遺障害を被っても、保険金が100％支払われなければ、その後も給付金（年金）は減額されずに支払われる。

死亡した原因が病気などであれば、傷害保険であるため、保険金は支払われないが、年金受取開始前であれば失効返戻金が支払われる。年金受取開始後であれば、確定型は残りの期間の年金原資が、有期型の保証期間中であれば、残りの保証期間の年金原資が一括して相続人に支払われる。

5 賠償責任保険

被保険者が他人の身体の傷害または他人の財物の破損について、法律上の損害賠償責任を負担することにより被る損害に備える保険である。

① 個人賠償責任保険

個人が、居住している住宅の所有（**一時的に居住の用に供する別荘を含む**）、使用または管理によって起きた事故や日常生活で起きた事故により、他人を死傷させ、他人の物に損害を与えたため、法律上の損害賠償責任を負うことで被った損害について保険金が支払われる保険である。ただし、業務遂行上の賠償責任については補償の対象にならない。

個人賠償責任保険の**被保険者**は、本人、本人の配偶者、本人または配偶者と生計をともにする同居の親族、本人または配偶者と生計をともにする別居の未婚の子である。

なお、続柄は、保険事故発生時点で判断する。

■個人賠償責任保険の保険金支払対象

○ 保険金が支払われる	× 保険金が支払われない
・自転車で走行中、歩行者とぶつかってケガをさせた ・子どもが他人の家の窓ガラスを割った ・飼い犬が歩行者に噛みつきケガをさせた ・訴訟費用・弁護士費用（保険会社同意必要）	・地震・噴火・津波が原因の場合 ・仕事をしている間に起こした賠償事故 ・自動車（原動機付自転車含む）による賠償事故 ・同居の親族に対する賠償責任 ・故意による不法行為の損害 ・他人から預った財物や借り物

② **施設所有（管理）者賠償責任保険**

ビル、映画館、劇場、デパート、遊園地、事務所、商店、学校など種々の施設の所有者、管理者がその所有・使用・管理する施設の構造上の欠陥、管理の不備に起因する賠償責任および施設にかかわる販売、サービス等の**業務遂行に起因する**賠償責任を補償する保険である。

補償の対象となる事例

・飲食店の従業員が不注意により配膳中の料理をこぼして顧客の衣服を汚損した場合に、顧客に対して法律上の損害賠償責任を負担することによって生じた損害
・飲食店の従業員が自転車で料理を配達中に誤って通行人に衝突し、通行人が負傷した場合に、通行人に対して法律上の損害賠償責任を負担することによって生じた損害
・店の外壁に設置していた看板が落下し、顧客が駐車していた自動車が損傷した場合に、顧客に対して法律上の損害賠償責任を負担することによって生じた損害

③ **請負業者賠償責任保険**

建設、土木、組立て、取壊し工事業者や清掃、荷役請負業者が請負業務の遂行に起因する賠償責任、請負業務遂行のために所有・使用・管理する施設の欠陥、管理の不備に起因する賠償責任を補償する保険である。

④ **生産物賠償責任保険（PL保険）**

ホテル、食料品店、飲食店、デパート、各種商品の製造販売業者、各種工事、修理工事の請負業者などが製造、販売、提供した財物がそれらの**業者の占有を離れた後に発生した事故**に起因する賠償責任や行った工事等の仕事の結果に起因して、仕事の終了後に生じた事故に起因する賠償責任を補償する保険である。

すなわち、被保険者の占有を離れた財物に起因して、または、被保険者が行った仕事の結果に起因して、仕事の終了の後において、他人の身体・生命を害し、または他人の財物を損壊したことについて法律上の賠償責任を負担することによって被る損害を補償する。

補償の対象となる事例

・店内で調理して提供した料理が原因で顧客が食中毒となった場合に、顧客に対して法律上の損害賠償責任を負担することによって生じた損害

⑤ **店舗賠償責任保険**

飲食店、小売店、卸売店等が店舗の所有・使用・管理に起因する賠償責任、店舗

の用法に伴う業務の遂行に起因する賠償責任、商品、製品、飲食物などの財物が他人に引き渡された後に、その品質・取扱いに伴って生じた事故に起因する賠償責任を補償する保険である。

「店舗」のために**施設・生産物賠償責任保険**をセットにした保険。

⑥ **受託者賠償責任保険**

企業には単に預かっているものや加工することを目的に預かっているものが数多くある。この保険では、他人から預かっている物（受託物）が火災、盗難にあったり破損により、その保管物について正当な権利を有する者に対して損害を与えた場合に被る賠償に対して補償する保険である。

⑦ **会社役員賠償責任保険（D＆O保険）**

会社役員が、その業務遂行のために行った行為に起因して、保険期間中に**株主代表訴訟**や**会社訴訟**、**第三者訴訟**など損害賠償請求された場合に、「法律上の損害賠償金」および「**争訟費用**」の損害に対して保険金が支払われる。なお、「法律上の損害賠償金」の中には税金、罰金、課徴金、懲罰的損害賠償金等は含まない。また、被保険者がインサイダー取引を行ったことに起因する損害賠償請求による損害は補償しない。無記名式で、保険期間中の**退任者**、**新任者**、死亡した役員の相続人に対する請求も**補償の対象となる**。保険料は、基本補償（普通保険約款）部分については会社が負担するが給与として課税されない。また、**株主代表訴訟担保特約部分については被保険者（役員）負担となる**。契約内容の決定には、株主総会の決議が必要である。

⑧ **個人情報漏洩保険**

企業や自営業者などの事業活動を行うにあたり、委託先の外部業者の不正行為や外部からの不正アクセスにより顧客の個人情報が外部に漏洩した場合に、顧客等に対して法律上の損害賠償責任を負担することによって生じた損害や対応する費用などを補償する。

⑨ **サイバー保険**

外部からの不正アクセスによって、顧客の個人情報が外部に漏洩したり、他人の業務を阻害したりする場合に生じる損害賠償金の支払および情報漏洩対応費用や再発防止実施費用などを補償する。

6 企業費用・利益総合保険

建物、設備などが火災、落雷、爆発、風水害などに罹災した場合、休業中の営業利益および経常費を補償する保険。建物や動産は、火災などの損害を受けると、火災保険から保険金が支払われるが、人件費やテナント料、営業利益などの損害は、火災保険では補償されない。

一方、企業費用・利益総合保険は、営業利益および経常費を対象に契約でき、人件費など経常費の一部だけでも契約できる。

7 労働災害総合保険

政府労災保険の支給が保険金支払要件となる。保険金は事業主に支払われるが、全額を被災被用者またはその遺族に支払わなければならない。一般的に**全従業員を対象**として一括して引き受けることが原則であるが、パート・アルバイトを除外して引き受けることも可能である。

- **法定外補償保険（条項）**：政府労災保険の給付対象となる労働災害※について、事業主が政府労災保険に上乗せして給付する災害補償金を補償する。
  ※　通勤災害は、特約を付加した場合のみ補償する。
- **使用者賠償責任保険（条項）**：事業主に責任がある政府労災保険の給付対象となる労働災害について、政府労災保険等の給付や法定外補償規定に基づく支払いを超える法律上の損害賠償責任を負担することによって支払う損害賠償金等を補償する。

法定外補償保険と使用者賠償責任保険の２つを組み合わせた保険であるが、希望により、**そのいずれか一方のみを契約することもできる**。

政府労災保険に加入している事業者が対象となっている。政府労災未加入の事業者は加入することはできない。また、「中小事業主」や「大工・左官などの一人親方」も、政府労災保険に**特別加入している場合は労働者と一緒に加入することができる**。なお、特約により通勤災害も担保できる。

チェックテスト

(1) 自賠責保険では、被害者に60%を超える過失がある場合、被害者に支払われる保険金額について減額が行われる。

(2) 自動車保険におけるテレマティクス保険とは、走行距離や運転の特性の情報を取得・評価して保険料に反映させる保険である。

(3) 火災保険の対象となる住宅建物は、その構造により、通常、M構造、T構造、H構造に区分され、構造級別による保険料率は、H構造が最も高く、M構造が最も低い。

(4) 地震保険では、生活用動産については地震、噴火または津波を直接または間接の原因とした火災、損壊、埋没または流失による損害のほか、地震等の発生に伴い生じた盗難による損害も補償の対象となる。

(5) 地震保険の保険料割引制度による割引率は、「耐震診断割引」が10%、「建築年割引」が10%、「免震建築物割引」が50%、「耐震等級割引」が居住用建物の耐震等級に応じて10%、30%、50%の３区分となっている。

(6) ノンフリート等級制度において10等級の契約者が自動車を盗難され、車両保険金のみが支払われた場合、当該事故は「等級すえおき事故」であり、更新後の等級は10等級となる。

(7) 普通傷害保険の被保険者が、仕事で業務用車両を運転中に交通事故に巻き込まれてケガをし、通院した場合、当該保険の補償の対象となる。

(8) 会社役員賠償責任保険の被保険者となる役員には、保険期間中に退任した役員や新たに選任された役員も含まれる。

(9) 施設所有（管理）者賠償責任保険の被保険者である飲食店が、自転車で商品配達中に誤って通行人に衝突して負傷させた場合に、通行人に対して法律上の損害賠償責任を負担することによって生じた損害は、同保険の補償の対象となる。

解答

(1) ×　(2) ○　(3) ○　(4) ×　(5) ○
(6) ×　(7) ○　(8) ○　(9) ○

第8章

保険と税金

過去の出題状況	2022.5	2022.9	2023.1	2023.5	2023.9	2024.1
生命保険と税金	☆		☆		☆	
生命保険の経理処理		☆	☆			☆
損害保険と税金	☆	☆			☆	☆
損害保険の経理処理			☆			

1．生命保険と税金

保険金を受け取る方法や保険商品によって税務の取扱いが異なる。

2．生命保険の法人の経理処理

法人が支払う保険商品の種類や契約時期により処理方法が異なる。

3．損害保険と税金

個人が受け取る保険金は基本的に非課税となる。個人事業主や法人の損害保険は商品ごとに取扱いが異なる。

法人が支払う損害保険料、経理処理について理解する。受け取った保険金などにかかる圧縮記帳に関する内容が特に重要である。

1 生命保険と税金

1 保険料と税金（生命保険料控除）

生命保険料控除は、納税者が各年における生命保険契約等の生命保険料のうち生命保険金等の受取人のすべてが自己または配偶者その他の親族※とする生命保険契約等に係るものに限る保険料が該当し、**（1）一般の生命保険料**、**（2）個人年金保険料**、**（3）介護医療保険料**の区分に応じて計算される金額をその年分の所得金額から控除することができる。

※　6親等以内の血族と3親等以内の姻族であり、生計を一にしていなくてもよい。

（1）一般の生命保険料控除

生命保険契約のほか、生命保険会社や損害保険会社と締結する第三分野の保険（傷害保険を除く）、簡易生命保険契約、JA（農協）共済、こくみん共済coop、県民共済・年金共済（**少額短期保険**除く）、確定給付企業年金に係る規約またはこれに類する退職年金に関する契約などの保険料および掛金をいう。

（2）個人年金保険料控除

（1）のうち、次のすべての要件を満たす個人年金保険契約の保険料または掛金をいう（**個人年金保険料税制適格特約**を付加した契約に限る）。

- 年金受取人は、保険契約者（保険料・掛金を払い込む者）または配偶者であること。
- 年金受取人は被保険者と同一人であること。
- 保険料または掛金の払込みは、年金支払開始日前10年以上にわたって定期に行うものであること（一時払契約は不可）。
- 年金の種類が確定年金・有期年金の場合、年金の支払いは、年金受取人の年齢が60歳に達した日以降の日で10年以上の期間にわたって定期に行われるものであること（終身年金の場合、年金支払開始日における被保険者の年齢は問わない）。

（注１）個人年金保険料控除の対象契約に各種入院給付特約等が付されている特約保険料（掛金）は、一般の生命保険料控除の対象または介護医療保険料控除の対象。

（注２）**変額個人年金保険**の保険料は**一般の生命保険料控除**の対象。

（3）介護医療保険料

生命保険料控除は、2011年12月31日以前に契約を締結した保険料等に係る生命保険料控除（以下「旧制度」という）と、2012年１月１日以降に契約を締結した保険料等に係る生命保険料控除（以下「新制度」という）に区分された。新制度では、介護保障・医療保障（特約）等の保険料等は、一般の生命保険料控除ではなく、**介護医療保険料控除**としての取り扱いとなる。なお、特定疾病保障定期保険の保険料は、一般の生命保険料控除の対象となる。

■旧制度（一般・年金それぞれに適用）

・旧制度：所得税10万円・住民税７万円限度

	年間保険料	控　除　額
所得税	25,000円以下	支払金額
	25,000円超　50,000円以下	支払金額×１／２＋12,500円
	50,000円超　100,000円以下	支払金額×１／４＋25,000円
	100,000円超	50,000円
住民税	15,000円以下	支払金額
	15,000円超　40,000円以下	支払金額×１／２＋ 7,500円
	40,000円超　70,000円以下	支払金額×１／４＋17,500円
	70,000円超	35,000円

■新制度（一般・年金・介護医療それぞれに適用）

・新制度：所得税12万円・住民税７万円限度

	年間保険料	控　除　額
所得税	20,000円以下	支払金額
	20,000円超　40,000円以下	支払金額×１／２＋10,000円
	40,000円超　80,000円以下	支払金額×１／４＋20,000円
	80,000円超	40,000円
住民税	12,000円以下	支払金額
	12,000円超　32,000円以下	支払金額×１／２＋ 6,000円
	32,000円超　56,000円以下	支払金額×１／４＋14,000円
	56,000円超	28,000円

新制度と旧制度の両制度を適用する場合の所得税の控除額は、合計**12万円**が限度。一般の生命保険料控除、個人年金保険料控除では、**旧制度のみを適用**とする場合はそれぞれ**５万円**が限度、**新制度を同時に適用**する場合はそれぞれ**４万円**が限度となる。

- 新制度では、傷害のみに基因して保険金が支払われる特約（災害割増特約、傷害特約、災害入院特約など）は控除の対象とならない。
- 2012年以降の更新契約は、更新月までは旧制度、更新月から保険契約全体が新制度の対象となる。
- 特約を中途付加した場合、中途付加した月から保険契約全体が新制度の対象※となる。
- 保険契約者を変更しても新制度の対象とならない。
- 特約部分の保険金額を減額しても新制度の対象とならない。
- 自動振替貸付により保険料の払込みに充当された金額は、その年の生命保険料控除の対象となる。

※　リビング・ニーズ特約や、指定代理請求特約、災害割増特約、傷害特約などを中途付加しても新制度の対象とならない。

(4) 生命保険料控除の最大控除額

■計算例

Ａさんが2024年中に払い込んだ生命保険料が下記のとおりである場合、Ａさんの所得税における生命保険料控除の最大控除額はいくらか。

	医療保険 (10年更新型)	変額個人年金保険 (一時払)	個人年金保険 (税制適格特約付加)
契約年月日	2011年10月５日	2022年10月５日	2010年11月26日
契約者 (＝保険料負担者)	Ａさん	Ａさん	Ａさん
被保険者	Ａさん	Ａさん	Ａさん
死亡給付金受取人	−	Ａさんの配偶者	Ａさんの配偶者
年金受取人	−	Ａさん	Ａさん
2024年分の払込保険料	14万円	800万円	40万円
保障内容	死亡保障なし	特約付加なし	税制適格特約以外の特約付加なし

【解答】

	医療保険 (10年更新型)	変額個人年金保険 (一時払)	個人年金保険 (税制適格特約付加)
契約年月日	2011年10月５日	2022年10月５日	2010年11月26日
控除額	新制度 (介護医療保険料控除)	新制度 (一般の生命保険料控除)	旧制度 (個人年金保険料控除)
	払込保険料14万円＞８万円 ∴　控除額４万円	払込保険料800万円＞８万円 ∴　控除額４万円	払込保険料40万円＞10万円 ∴　控除額５万円

４万円＋４万円＋５万円＝13万円＞12万円　　∴　12万円

・一時払保険料は、保険料を支払った年の控除対象となる。
・前納保険料は、その年中に到来する払込期日が到来している保険料が控除の対象となる。
・保険金受取人は、生計を一にしていなくても要件を満たせば控除の対象となる。

2 保険金・年金・給付金と税金

(1) 死亡保険金と税金

個人が死亡保険金を受け取った場合は、相続税、所得税、贈与税のいずれかの課税対象となる。

■死亡保険金を受け取ったときに課税される税金

契約者	被保険者	受取人	対象となる税金
A	A	B	相続税
A	B	A	所得税（一時所得）
A	B	C	贈与税

（注）相続を放棄した人（民法上の相続人ではない）も、受取人であれば死亡保険金を受け取ることができるが、非課税限度額（「500万円×法定相続人の数」）の適用を受けることはできない。

(2) 満期保険金と税金

契約者	被保険者	受取人	対象となる税金
A	−	A	所得税（一時所得）
A	−	B	贈与税

（注）解約した場合に契約者が受け取る解約返戻金も、所得税（一時所得）の課税対象となる。

(3) 契約者死亡による名義変更（権利の評価）

死亡した契約者が生前に保険料を負担しているときは、その**生命保険料に関する権利の評価の価額**が新しい契約者（相続人）の相続財産をして相続税の課税対象となる。

・契約者（保険料負担者）と被保険者が異なる契約で、契約者が保険期間中に死亡した場合、生命保険契約についての相続財産評価は、「解約返戻金の額」である。
・契約者死亡による名義変更後（相続税の対象になった後）、契約が満期の際は、名義変更後の契約者が保険料を契約初期から負担していたものとして課税関係が生じる。

(4) 個人年金保険と税金

夫が保険料を負担し、妻が年金受取人というように年金受取人と保険料負担者とが異なっている場合には、年金支払い開始時に、保険料負担者である夫から妻が**贈与**によって年金受給権を取得したものとみなされて**贈与税**が課税される。

年金受取人の**死亡**により年金受給権を相続した場合は**相続税**の対象となる。

■年金分割受取時の税金

個人が受け取る年金は、**雑所得**の対象となる。しかし、契約者と年金受取人が異なる場合、年金受給開始時に「**定期金に関する権利**」として相続税または贈与税の課税対象となった部分は非課税となる。よって、一定の方法により課税部分と非課税部分に区分し、課税部分が所得税（雑所得）の課税対象となる。

雑所得の金額 ＝ その年に受け取る年金額 − 必要経費

その年に受け取る年金額 ＝ 基本年金額 ＋ 増額年金額 ＋ 増加年金額
必要経費 ＝ (基本年金額 ＋ 増額年金額) × 必要経費率

$$\text{必要経費率} = \frac{\text{正味払込保険料総額}}{\text{年金の支払い総額またはその見込額}}$$

（注）必要経費率は小数点第３位以下を切り上げ、第２位まで算出する。

■計算例

以下の個人年金保険に加入していたＡさんは、年金開始年齢に達した2024年中に50万円の年金を受け取った。Ａさんが受け取った年金に係る雑所得の金額はいくらか。

年金の種類：10年保証期間付終身年金（定額型）
契約者（＝保険料負担者）：Ａさん（加入時34歳）
被保険者：妻Ｂさん（加入時34歳）
年金受取人：Ａさん
年金開始年齢：60歳
年金年額：50万円
既払込正味保険料総額：600万円

〈余命年数表〉

年金の支給開始日における年齢	余命年数		年金の支給開始日における年齢	余命年数	
	男性	女性		男性	女性
60歳	19年	23年	65歳	15年	18年
61歳	18年	22年	66歳	14年	18年
62歳	17年	21年	67歳	14年	17年
63歳	17年	20年	68歳	13年	16年
64歳	16年	19年	69歳	12年	15年

【解答】

年金支給総額（見込額）

＝年金年額×「保証期間の年数」と「年金支払開始日における**被保険者**の余命年数」のうちの**長い方**の年数

①総収入金額＝50万円

②必要経費＝50万円×$\dfrac{600万円}{50万円×23年^{※}}$

＝50万円×0.52（必要経費率・小数点第３位切上げ）

＝26万円

雑所得の金額＝①－②＝24万円

上記の雑所得の金額（年金の年額からそれに対応する保険料等を控除した残額）が**25万円以上**の場合、10.21％源泉徴収される。なお、契約者と年金受取人が異なる場合、源泉徴収は行わない。

■年金一括受取時の税金

・保証期間付終身年金の場合

保証期間分の年金を一括して受け取ることができるが、保証期間経過後に年金受取人が生存している場合は年金が支払われるため、一括して受け取る金額は**雑所得**として課税される。

・確定年金の場合

一括して受け取ると、その時点で契約は消滅するため、一括して受け取った金額は**一時所得**として課税される。

（５）一時払養老保険の満期保険金・解約返戻金の取り扱い

① 保険期間**５年以下**の一時払養老保険

保険期間５年以下の一時払養老保険の満期保険金・解約返戻金の差益について

は、金融類似商品として預貯金と同様に差益金に対し20.315％の源泉分離課税の取り扱いになる。

差益金 ＝ {(満期保険金 ＋ 満期時配当金) または解約返戻金} − (一時払保険料)

なお、一時払養老保険のほか、次の要件すべてにあてはまる契約も保険種類を問わず源泉分離課税の適用を受ける。なお、一時払終身保険については次の要件に該当しないため、一時所得として総合課税の対象である。

① 保険期間が５年以下のもの。ただし、保険期間が５年を超える場合でも、５年以内に解約した場合を含む。
② 保険料の払込みが一時払いのもの。ただし、次の場合は一時払いとみなす。
　a 契約初年度に、保険料払込期間中に払い込むべき保険料総額の２分の１以上を前納（または一括払い）した契約
　b 契約初年度と次年度の２年間に、保険料払込期間中に払い込むべき保険料総額の４分の３以上を前納（または一括払い）した契約
③ 普通死亡保険金が満期保険金と同額か、または満期保険金より少なく、かつ災害死亡保険金の倍率が５倍未満の契約

（注１）一時払個人年金保険（変額個人年金含む）で**確定年金**を選択している場合、積立期間５年以内の解約は金融類似商品として課税（差益金に対して20.315％の源泉分離課税）。
（注２）一時払個人年金保険（変額個人年金含む）で確定年金を選択している場合、積立期間５年超の解約返戻金は、一時所得として総合課税の課税対象となる。

② 保険期間５年超の一時払養老保険

保険期間が５年超の満期保険金（解約返戻金）は、一時所得として総合課税（契約者と受取人が同一でない場合は贈与税）の対象となる。他の所得と総合するときは**２分の１**とする。

■一時所得の金額

一時所得の金額 ＝ 満期保険金（解約返戻金） ＋ 配当金 − 一時払保険料 − 特別控除額（50万円）

(6) 非課税となる保険金・給付金

・次の保険金を被保険者または指定代理請求人が受け取った場合、非課税である。
特定疾病保険金、リビングニーズ特約保険金　など
・身体の傷害に基因して支払いを受ける生命保険・損害保険の給付金は、被保険者、配偶者や直系血族あるいは生計同一親族が受け取る場合、非課税である。
高度障害保険金、入院・手術給付金、介護年金、介護一時金、所得補償保険金　など

(7) 契約者配当金

契約者が受け取った配当金は、保険料の事後精算的な性質より課税関係は生じない。ただし、保険金や解約返戻金が相続税や贈与税の課税対象となる場合は、配当金は保険金・解約返戻金として取り扱われる。

(8) 契約者の変更

契約者を変更した時点では課税関係は発生しない。

(9) 支払調書

生命保険会社では、一定の契約の取引について支払調書が税務書に報告されている。

■支払調書の提出基準

・次の金額で生命保険の解約、保険金や年金の支払を行う場合 一時金（解約返戻金）100万円超、年金20万円超（ただし、契約者≠年金受取人の場合は支払金額にかかわらず提出） ・死亡による契約者の変更の場合も提出（解約返戻金100万円超）

■支払調書の記載事項

保険金の支払を受ける場合	・受取人の氏名、住所 ・契約者（保険料払込者）の氏名、住所、個人番号 ・支払時の契約者の直前の契約者の氏名、住所 ・契約者変更の回数（施行日以降の契約者変更回数） ・支払時の契約者の既払込保険料（施行日をまたぐ契約者の記載は不要） ・被保険者の氏名、住所 ・保険金額（解約返戻金の場合は解約返戻金相当額） ・既払込保険料総額 ・保険事故発生年月日
死亡による契約者変更の場合	・死亡した契約者の氏名、住所、死亡日 ・新契約者の氏名、住所 ・解約返戻金相当額 ・既払込保険料総額 ・死亡した契約者の既払込保険料

（注）名義変更前後の保険料負担が明確である。

（注）法人からの退職金の一部として個人が受けた現物支給について保険料負担額が明確である。

2 生命保険の法人の経理処理

法人が契約者となり支払う保険料の経理処理は、保険の種類により以下のように異なる。

1 定期保険

4に該当しない定期保険の保険料の原則的な取り扱いは以下のとおり。

契約者	被保険者	死亡保険金受取人	経理処理
法　人	従業員・役員	法人または被保険者の遺族※	損金算入（定期保険料）

借　方		貸　方	
定期保険料（損金）※	××××	現金・預金	××××

※　特定の従業員・役員が被保険者の場合は給与（損金）となる。

2 終身保険

契約者	被保険者	死亡保険金受取人	経理処理
法　人	従業員・役員	法　人	資産計上（保険料積立金）
法　人	従業員・役員	被保険者の遺族	損金算入（給与）

①　受取人が法人

借　方		貸　方	
保険料積立金（資産）	××××	現金・預金	××××

②　受取人が遺族

借　方		貸　方	
給与（損金）	××××	現金・預金	××××

3 養老保険

契約者	被保険者	死亡保険金受取人	満期保険金受取人	経理処理
法　人	従業員・役員	法　人	法　人	資産計上（保険料積立金）
法　人	従業員・役員	被保険者の遺族	被保険者	損金算入（給与）
法　人	従業員・役員	被保険者の遺族	法　人	1/2資産計上（保険料積立金） 1/2損金算入（福利厚生費）

①　死亡保険金受取人を遺族、満期保険金受取人を法人とする場合

生存、死亡退職金の準備を目的として全員加入を原則とした普遍的加入が基本であり、加入条件を付ける場合も合理的な基準により普遍的に設けられた格差である

こと。ハーフタックスプラン（２分の１養老保険）といい、保険料の**２分の１**を福利厚生費として**損金算入**できる。

ただし、役員・部課長・その他特定の者のみを加入させる場合は、福利厚生費とはならず、被保険者の給与・報酬として損金算入できる。

■保険料の経理処理（ハーフタックスプラン）の例

〈事例〉

すべての役員・従業員を被保険者（死亡：受取人は遺族、満期：受取人は法人）

保険金額400万円　保険料年払い150万円（60歳払）　60歳満期

借　方		貸　方	
保険料積立金（資産）	75万円	現金・預金	150万円
福利厚生費（損金）※	75万円		

※　特定の者のみ加入の場合は給与（損金）となる。

被保険者が１人死亡し死亡保険金が支払われた（受取人は遺族）。

死亡した者の保険料積立金は45万円（配当金はない）

借　方		貸　方	
雑損失（損金）	45万円	保険料積立金（資産）	45万円

被保険者１人が60歳で満期を迎え、満期保険金405万円（配当金含む）を受け取った。

満期を迎えた者の保険料積立金150万円、配当金積立金５万円

借　方		貸　方	
現金・預金	405万円	保険料積立金（資産）	150万円
		配当金積立金（資産）	5万円
		雑収入（益金）	250万円

4 定期保険および第三分野の保険の取り扱い（2019年７月８日以降の契約）

各定期保険および第三分野の保険の保険料に関する新たな取り扱いについて、2019年６月28日に改正通達が発遣された。

これに伴い、これまでの個別通達を廃止し、商品グループにかかわらず同一の基準が適用されることになった。この新たな取り扱いは2019年７月８日以降（解約返戻金相当額のない短期払の定期又は第三分野保険については、2019年10月８日以降）の契約に係る保険料について適用される。

既契約については、これまでの商品ごとの個別通達の適用対象保険契約に係る経理処理が継続される。

改正ポイントは、個別通達および文章回答が廃止され、単一的なルールが新たに創設された。対象は法人を契約者とするもので、支払保険料が給与の取り扱いとならな

い保険期間３年以上の定期保険と第三分野の保険であり、最高解約返戻率（配当金を除く）が50％超になるものである。資産計上期間や金額、取崩期間は最高解約返戻率に応じて決められている。また、第三分野の保険で保険期間が終身であるものは、保険期間開始の日から被保険者の年齢が116歳に達する日までが計算上の保険期間となる。

■改正後（最高解約返戻率50％以下：保険料は全額損金算入）

最高解約返戻率	50％超 70％以下	70％超 85％以下	85％超
資産計上期間	保険期間の当初40％		最高解約返戻率となる期間※
資産計上	年間保険料×40％	年間保険料×60％	１年目から10年目 年間保険料×最高解約返戻率×90％ 11年目以降 年間保険料×最高解約返戻率×70％
損金算入	上記の残額		
全額損金算入期間	年間保険料の全額を損金算入		
取崩期間	保険期間の75％相当期間経過後		解約返戻金相当額が最も高い期間経過後
	当期分保険料の全額を損金算入するとともに資産計上した前払保険料を保険期間終了まで均等に取り崩し損金算入		

※ $\frac{\text{解約返戻金相当額}-\text{直前期間の解約返戻金相当額}}{\text{年換算保険料相当額}}>70$ となれば最も遅い期間

また、資産計上期間が５年未満のときは５年とし、保険期間が10年未満のときは保険期間の当初1/2に相当する期間までとなる。

〈その他〉

・最高解約返戻率が70％以下で、かつ、年換算保険料相当額（１人の被保険者につき複数の定期保険等に加入している場合には年換算保険料相当額の合計額）が30万円以下の保険に係る保険料を支払った場合は、その支払った保険料の全額を損金算入する。

■保険料の経理処理（定期保険）の例

〈事例〉

代表取締役社長であるＡさんを被保険者とする下記の定期保険に加入した場合の、Ａ社の第１回保険料払込時の経理処理

保険の種類：無配当定期保険（特約付加なし）
契約年月日：2023年３月７日
契約者（＝保険料負担者）：Ｘ社
被保険者：Ａさん（加入時50歳）
死亡保険金受取人：Ｘ社
保険期間・保険料払込期間：100歳満了
死亡保険金：8,000万円
年払保険料：250万円
最高解約返戻率：70％

本問では、保険期間が50年（100歳－50歳）であり、最高解約返戻率が70％の契約であるため、保険期間の当初４割の期間は、40％資産計上（60％損金算入）となる。

250万円×60％＝150万円（損金算入額：定期保険料）

250万円×40％＝100万円（資産計上額：前払保険料）

借　方		貸　方	
定期保険料	150万円	現金・預金	250万円
前払保険料	100万円		

既契約については、これまでの経理処理を行うことになることから、**5**以降（損害保険商品の第三分野の保険についても同様）は、改正前の経理処理について記載している。

5 長期平準定期保険・逓増定期保険（2019年７月７日までの契約）

① 定期保険のなかで以下の算式を満たす②の逓増定期保険に該当するものを除くものを長期平準定期保険とし、定期保険と違う特別な経理処理を行う。なお、無解約返戻金のタイプは、一般の定期保険として取り扱う。

「被保険者の年齢＋保険期間＞70歳」かつ「被保険者の年齢＋保険期間×２＞105」

保険期間の前半６割の期間	保険期間の後半４割の期間
・1/2損金算入（定期保険料） ・1/2資産計上（前払保険料）	・全額損金算入 ・前半の資産計上額を４割の期間で均等に取り崩し、損金算入

（注）逓増定期保険については前半６割の期間における資産計上額の割合が変化する。

■保険料の経理処理（長期平準定期保険に該当のケース）の例

〈事例〉

40歳男性　保険期間80歳満了　保険料年払い50万円

・保険期間40年のうち前半６割期間（24年間）

借　　方		貸　　方	
定期保険料（損金）	25万円	現金・預金	50万円
前払保険料（資産）	25万円		

前半24年間に前払保険料（資産）が25万円×24年間＝600万円

これを後半４割期間（16年間）で均等に損金処理を行っていく。

600万円÷16年＝37,5万円が損金算入される。

後半４割期間の年払い保険料50万円も損金算入となる。

・保険期間の後半４割期間（16年間）

借　　方		貸　　方	
定期保険料（損金）	50万円	現金・預金	50万円
定期保険料（損金）	37,5万円	前払保険料	37,5万円

②　逓増定期保険（2008年２月28日以降の契約）

保険期間の経過により保険金額が５倍までの範囲で増加する定期保険のうち、その保険期間満了の時における被保険者の年齢が45歳を超えるものをいう。

	区　　分	前払期間	資産計上額
逓増定期保険	A　保険期間満了の時における被保険者の年齢が45歳を超えるもの（BまたはCに該当するものを除く）	保険期間の開始の時から当該保険期間の60％に相当する期間	支払保険料の２分の１に相当する金額
	B　保険期間満了の時における被保険者の年齢が70歳を超え、かつ、保険加入時の被保険者の年齢＋保険期間×２が95を超えるもの（Cに該当するものを除く）	同　上	支払保険料の３分の２に相当する金額
	C　保険期間満了の時における被保険者の年齢が80歳を超え、かつ、保険加入時の被保険者の年齢＋保険期間×２が120を超えるもの	同　上	支払保険料の４分の３に相当する金額

①②の契約形態において、特定の者のみ（役員または部課長など特定の従業員）を被保険者とし、死亡保険金受取人を被保険者の遺族とする場合は、支払保険料の額を給与の扱いとする。

6 保険料が短期払いの場合

保険料の払込方法には、保険料払込期間と保険期間が一致する全期払いと保険料払込期間が保険期間よりも短い短期払いがある。

短期払いの貯蓄性の保険（養老保険、終身保険など）であれば、保険料支払いのつど、資産に計上し、貯蓄性のない保険（定期保険、定期保険特約など）は**払込保険料の総額を保険期間であん分し、その年度に対応する部分だけを損金に算入する。**

7 払済保険への変更

払済保険とは、保険料の払い込みが困難になった等の理由から保険料の支払いを中止し、元の契約の保険期間を変えないで、その時点での解約返戻金相当額に応じて、元の契約と同じ種類の保険（第三分野の保険を含む）を一時払養老保険、一時払終身保険、一時払個人年金保険などに変更することをいう。

① 払済保険に変更した場合は、原則として、**洗替処理**を行う。ただし、養老保険、終身保険および年金保険（定期保険特約が付加されていないものに限る）から同種類の払済保険に変更した場合には、洗替経理処理※を不要にできる。

② 上記の取り扱いは、原則として、2002年1月1日以降払済保険への変更がなされたものについて適用する。

※ 洗替経理処理とは、変更時点における解約返戻金相当額とその保険契約に係る資産計上額の差額について、払済保険に変更した日の属する事業年度の益金または損金の額に算入することをいう。

■保険料の経理処理（払済保険）の例

〈事例〉

X社の社長であるAさんは、2024年8月に65歳となることを機にX社が加入している以下の定期保険を払済終身保険に変更し、退職金の一部として受け取る予定である。この場合のX社の経理処理

保険の種類：無配当定期保険（特約付加なし） 契約年月日：2009年5月5日 契約者（＝保険料負担者）：X社 被保険者：Aさん（加入時における被保険者の年齢50歳） 死亡保険金受取人：X社 保険期間・保険料払込期間：90歳満了 基本保険金額：9,000万円 最高解約返戻率：79.0% 年払保険料：250万円 2024年8月時点の解約返戻金：3,200万円 払込保険料累計額：4,000万円

契約年月日が2019年7月7日以前であるため、保険種類による経理処理となる。また、加入時における被保険者の年齢は50歳、保険期間は40年（90歳－50歳）である。

50歳＋40年＞70歳　かつ　50歳＋40年×２＞105　　∴　長期平準定期保険である

長期平準定期保険である場合、保険期間の前半６割の期間では、支払保険料の２分

の1相当額を前払保険料として資産に計上する。

払済保険に変更する場合、洗替処理を行う。

資産計上額（保険料積立金）＜解約返戻金額 → 益金算入（雑収入）・・・㋐

資産計上額（保険料積立金）＞解約返戻金額 → 損金算入（雑損失）・・・㋑

本問の定期保険を払済終身保険に変更したときの経理処理は、次のとおりである。

資産計上額（前払保険料）：4,000万円×1/2＝2,000万円

解約返戻金額：3,200万円　　∴　上記㋐に該当

借　方		貸　方	
保険料積立金	3,200万円	前払保険料	2,000万円
		雑収入	1,200万円

8 保険金・給付金・解約返戻金の経理処理

（1）法人が受取人のとき（保険契約が消滅するケース）

資産に保険料積立金（前払保険料等）および配当金積立金が計上している場合では、それを取り崩して、受け取った満期保険金、死亡保険金、解約返戻金との差額を雑収入（雑損失）として益金（損金）に算入する。定期保険のように保険料積立金等がない場合は全額雑収入となる。なお、配当金積立金があれば、その差額を雑収入として益金に算入する。

（2）被保険者および遺族が受取人のとき

満期保険金または死亡保険金を被保険者および遺族が受け取る場合は、原則として給与扱いになっているため、法人の経理処理は必要ない。ただし、配当金積立金が資産に計上してある場合はその額を取り崩して、雑損失として損金に算入する。

借　方		貸　方	
雑損失	××××	配当金積立金	××××

（3）入院給付金

法人が入院給付金などを受け取った場合は、全額を雑収入として益金に算入する。

借　方		貸　方	
現金・預金	××××	雑収入	××××

これを法人の慶弔見舞金規程などにより見舞金として支払った場合、それが社会通念上妥当な額であれば、損金に算入される（これを超える部分は役員・従業員の給与となる。役員に対しては賞与とされ損金不算入となる）。

借　方		貸　方	
見舞金	××××	現金・預金	××××

3 損害保険と税金

1 個人契約の損害保険と税金

(1) 保険料と税金（地震保険料控除）

・地震保険料控除

2007年分の所得税（住民税は2008年度分）から、損害保険料控除が改組され、「地震保険料控除」が創設された。控除の対象となる保険契約は、地震保険に限られる。

居住用家屋・生活用動産を保険の対象とする地震保険契約の保険料を支払った場合には、次の金額を地震保険料控除として所得控除することができる。したがって、別荘や所有している**賃貸アパートや賃貸マンション**を対象とする地震保険料は、いずれも**地震保険料控除の対象にはならない**（ただし、不動産所得の経費にはできる）。

また、**店舗併用住宅**を対象として地震保険を契約した場合、その家屋の**全体のおおむね90%以上を居住の用に供しているときは**、その家屋について支払った**地震保険料の全額が**居住用資産に係る地震保険料として**地震保険料控除の対象**となる。

所得税	地震保険料の全額（最高50,000円）
住民税	地震保険料の1/2（最高25,000円）

保険期間が1年を超える長期契約の地震保険料を一括して支払った場合、**保険料を契約年数で除した額が**、それぞれの年分に応じた保険料として、**地震保険料控除の対象**となる。

・経過措置

経過措置として、**2006年**までに契約した長期契約は、旧損害保険料控除を適用できる（所得税は**最高15,000円**、住民税は**最高10,000円**）。ただし、地震保険と重複する場合には、所得税は合わせて最高50,000円、住民税は合わせて最高25,000円となる。長期契約とは、保険期間が10年以上で、かつ満期返戻金が支払われる損害保険契約のことである。

（注1）経過措置の対象となる長期契約の積立型の傷害保険や年金払積立傷害保険など。

（注2）長期契約に該当する契約で、2007年1月1日以降に**契約内容を変更したものは除く**。

2 保険金・給付金と税金

(1) 非課税となる保険金・給付金

次の保険金・給付金は非課税となる。

① 「モノ」に損害が生じたことにより支払われる保険金。

損害賠償金、火災保険金、車両保険の保険金など

② 身体の傷害に係る保険金で、**本人、配偶者、直系血族、生計同一親族**が受け取った場合。

損害賠償金、入院給付金、後遺障害保険金、介護費用保険金、所得補償保険金、自動車保険金（搭乗者傷害保険金、自損事故保険金、無保険車傷害保険金）など

（2）その他

死亡保険金（傷害保険、自動車保険）、満期返戻金、年金払積立傷害保険の給付金（年金）は、**生命保険と同様の課税関係**となる。

（3）自動車保険

・**対人賠償・対物賠償保険・車両保険**の保険金は非課税となる。
　遺族が物損事故を起因とする賠償金などを受け取る場合は、相続財産となる。
・搭乗者傷害保険につき、後遺障害保険金、医療保険金などは契約形態にかかわらず非課税である。死亡保険金は、契約形態により相続税、所得税、贈与税のいずれかの対象。
・自損事故保険の課税関係は、傷害保険と同じである。
・無保険車傷害保険の保険金は、損害賠償金と同じであるため非課税扱いとなる。
・**人身傷害補償保険**の保険金は、課税部分と非課税部分が混在する。
・自家用車が盗難に遭い車両保険から受け取った保険金は非課税となる。

3 個人事業主の損害保険と税金

（1）火災保険

① 個人事業主の火災保険金の取り扱い（事業用の建物などが保険の対象）。
・掛捨て型である火災保険の保険料は、全額必要経費となる。
・積立型である場合には積立保険料（平準積立保険料）は資産に計上する。
・積立保険が保険金の支払いにより契約が消滅する場合、資産計上していた額は必要経費にはできず、事業主貸しに振り替えるため事業損益には関係しない。
・併用住宅の場合、**店舗部分**の割合に応じた額が**必要経費**の対象となる。
・従業員の建物の保険料を払った場合は福利厚生費、特定の者のみの場合は給与となる。

② 事業主自身の生活用資産の損失に対して支払われる火災保険金は、個人が取得する火災保険と同様、**非課税**となる。事業用建物の焼失により店舗休業保険から受け取った保険金は事業収入になる。

一方、事業用資産の損失に対する火災保険金については、次のように取り扱わ

れる。

・たな卸資産に対する火災保険金

全額が事業所得の**収入金額に算入**。

一方、損害を受けた商品等たな卸資産の売上原価は必要経費に算入。

・たな卸資産以外の事業用資産に対する火災保険金

店舗などの事業用固定資産の損壊に伴い廃棄損を生じた場合には、受け取った火災保険金を廃棄損から差し引き、なお、廃棄損があればこれを必要経費に算入。

受取保険金額が損失を上回った場合でも差額には課税されない。

(2) 自動車保険

① 個人事業主と自動車保険の保険料

・事業用の自動車に対する保険料は、全額**必要経費**。

② 事業用自動車と保険金

・対物賠償保険金（賠償金）は、非課税。

・車両保険の保険金において、次のように取り扱いが異なる。

イ　修繕しなかった場合

修繕せず廃棄処分とした場合、保険金によって補てんされた金額を除いた損害額は、その事業に係る所得金額の計算上、必要経費に算入。**損害額を上回った保険金は非課税**。

ロ　修繕する場合

廃棄処分とせず修繕した場合には、修繕にかかった費用の全額を必要経費に算入できる。一方、補てんされる保険金額は事業所得の収入金額に計上する。

・対人賠償保険、無保険者傷害保険の保険金は賠償金としての性格を有するため非課税。

・搭乗者傷害保険、自損事故保険、人身傷害補償保険は、個人の契約と同じ。

(3) 傷害保険

① 個人事業主と傷害保険の保険料

・従業員を被保険者とする掛捨て型保険料は、**福利厚生費**とする。ただし、**特定の従業員に限定した場合は給与**となる。

・従業員を被保険者とする積立型の保険料は、積立部分（平準積立保険料）を満期まで資産に計上し、補償部分を必要経費とする。

・個人事業主自身または生計を一にする親族を被保険者として加入する場合、従業員と同時に加入しても個人の契約として取り扱うことになり、**必要経費にはならない**。

② 傷害保険と保険金

イ　死亡保険金受取人が事業主

・資産計上がある場合には、取り崩して必要経費に算入する。

・受け取った保険金は**事業収入**となる。ただし、死亡退職金、弔慰金として支払う場合は必要経費となる。

ロ　死亡保険金受取人が遺族

・資産計上がある場合には、取り崩して必要経費に算入する。

・従業員の遺族が受け取った場合、事業主の保険料負担分は従業員が負担していたものとみなして、保険金はみなし相続財産として相続税の課税対象。

ハ　傷害保険金受取人が従業員

・従業員が受け取った保険金は非課税。

ニ　積立型傷害保険の満期保険金受取人が事業主

・**被保険者**が**従業員**の場合、個人事業主として取得した**満期返戻金**は**一時所得**になるが、満期まで積立保険料部分（平準積立保険料）を資産に計上し、一方で補償保険料部分を必要経費に算入しているため、一時所得の金額は個人の場合と計算が異なる。

一時所得の金額 ＝ 満期返戻金＋契約者配当金 − 積立保険料累計額 − 特別控除額（50万円）

4 法人の損害保険と経理処理

（1）火災保険等の保険金

火災等により建物・動産に損害が生じ、法人が保険金を受け取った場合、その保険金は、益金となるが、一方において損害額は損金として処理される。したがって、保険金が損害のあった建物・動産の帳簿価額を下回るときは課税されない。ただし、建物等の固定資産の場合で、受け取った保険金（利益保険の保険金等は含まない）でその建物等に代わる建物等（代替資産）を取得または改良した場合は、上記の帳簿価額を上回る額（保険差益）に一時に課税されることのないよう課税の時期を延期する方法として**圧縮記帳**が認められる。

ポイント

① 圧縮記帳は課税免除ではなく課税の繰り延べである。
② 圧縮記帳の対象は、法人所有の固定資産に限る。
③ 車両保険の保険金で代替車を取得した場合も圧縮記帳が認められる。

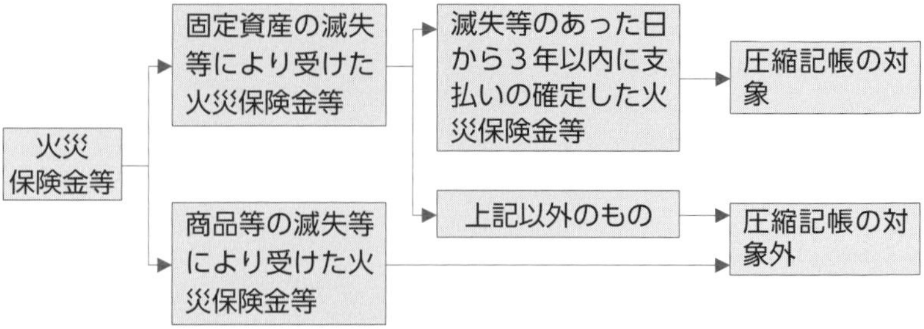

① 代替資産

被災した資産と同種のものであることが必要である。

② 保険差益

建物等の滅失等により支出した経費を保険金から控除した額が帳簿価額を上回る場合の保険差益をそのまま処理すると課税の対象となり、新しい建物等（資産）の取得に支障が出ることが考えられる。なお、**企業費用・利益総合保険の保険金**は、固定資産の滅失等に基因して受け取るものではなく、休業による減少利益や費用の補償であるため、**考慮しない**。また、支出した経費は、固定資産の滅失等に直接関連して支出される経費が該当するため、焼跡の整理費（片づけ費用）は該当するが、けが人への**見舞金は該当しない**。

保険差益 ＝ 保険金 －（建物等の損害発生直前の帳簿価額のうち被災部分相当額 ＋ 支出した経費）

③ 圧縮記帳

圧縮記帳とは、保険差益を損金に算入することにより新しく取得した建物等（資産）の帳簿価額を、その損金算入額だけ減額する処理の方法をいう。したがって、受け取った保険金は益金に算入されるが、**圧縮限度額が損金に算入されて相殺される**ため、その時点で課税されないことになる。ただし、圧縮記帳される額には限度があり、その限度額は次の式で計算される。

$$\text{圧縮限度額} = \text{保険差益} \times \frac{\text{代替建物等（資産）に使った保険金（分母の金額が限度）}}{\text{保険金等の額} - \text{支出した経費}^{※}}$$

※ 建物等の取壊し費用、焼け跡の整理費用等

■圧縮限度額等の計算例

〈資料〉

・滅失した工場建物の帳簿価額：3,000万円

・工場建物の滅失によりX社が支出した経費

　焼跡の整理費（片づけ費用）：150万円

　類焼者に対する賠償金：375万円

・損害保険会社から受け取った保険金

　火災保険（保険の対象：工場建物）の保険金：5,150万円

　企業費用・利益総合保険の保険金：1,500万円

・新築した代替建物（工場建物）の取得価額：3,500万円

① 保険差益＝5,150万円－（3,000万円＋150万円）＝2,000万円

※1　企業費用・利益総合保険の保険金は収益の補償であるため考慮しない。

※2　支出費用には、固定資産の滅失等に直接関連して支出される経費が該当するため、焼跡の整理費（片づけ費用）は該当するが、類焼者に対する賠償金は該当しない。

② 圧縮限度額＝2,000万円×$\dfrac{3{,}500\text{万円}}{5{,}150\text{万円}-150\text{万円}}$＝1,400万円

なお、商品等の棚卸資産の損失に伴う保険金は、販売代金に代わるものとして圧縮記帳の対象にならないため、保険金は全額益金として計上する。

チェックテスト

⑴ 契約者：夫、被保険者：妻、年金受取人：妻とする60歳年金開始の10年確定年金に妻が51歳の時点で加入した際の保険料は、個人年金保険料控除の対象とすることが可能である。

⑵ 新生命保険料控除額が４万円、介護医療保険料控除額が２万円、新個人年金保険料控除額が４万円、旧個人年金保険料控除額が５万円である場合、生命保険料控除の最大控除額は11万円となる。

⑶ 一時払変額個人年金保険（終身年金）を保険期間の初日から５年以内に解約した場合、いわゆる金融類似商品として、その解約差益は源泉分離課税の対象となる。

⑷ 店舗併用住宅建物の火災保険に地震保険を付帯する場合、建物全体の２分の１以上が居住用であるときには、その建物について支払う地震保険料の全額を居住用資産に係る地震保険料の金額とすることができる。

⑸ 自動車保険の被保険者が交通事故により死亡し、被保険者の遺族が人身傷害補償保険の保険金を受け取った場合、当該保険金のうち事故の相手方の過失割合に応ずる金額は非課税となる。

⑹ 保険契約者（保険料負担者）をＡさん、被保険者をＡさんの妻とする普通傷害保険において、後遺障害保険金をＡさんが受け取った場合、Ａさんの受け取った保険金は所得税の課税対象となる。

⑺ Ｂさんが所得税の雑損控除の適用を受ける場合、Ｂさんが居住する家屋の火災により受け取った火災保険金で補てんされる金額については、Ｂさんの申告する損失額から差し引くことになる。

⑻ 契約者・被保険者をＣさんとする自動車保険の人身傷害補償保険において、運転者であるＣさん自身が死亡したことによる死亡保険金をＣさんの遺族が受け取った場合、Ｃさんの過失分の有無を問わず、遺族の受取保険金は非課税となる。

⑼ 店舗たる建物を保険の目的とした場合、圧縮記帳は、法人所有の建物のみならず、個人事業主が所有している建物に対しても適用できる。

⑽ 圧縮記帳は、火災保険契約に基づく保険金のみならず、自動車保険契約（車両保険）に基づく保険金についても適用できる。

解答

⑴ ×　⑵ ○　⑶ ×　⑷ ×　⑸ ○
⑹ ×　⑺ ○　⑻ ×　⑼ ×　⑽ ○

Memo

索　引

【ヤ行】

【ラ行】

<執筆者>

長沼　満美愛（ながぬま・まみえ）

1級ファイナンシャル・プランニング技能士／ＣＦＰ®認定者

神戸女学院大学卒業後、大手損害保険会社を経て、日本FP協会相談室の相談員として従事。現在、資格の学校TAC・大学・法人にて資格講座の講師として活動するかたわら、セミナー講師や新聞コラムの執筆も手がける。

よくわかるFPシリーズ

2024–2025年版《ねんばん》

合格《ごうかく》テキスト　FP技能士《ぎのうし》1級《きゅう》　①ライフプランニングと資金計画《しきんけいかく》・リスク管理《かんり》

（2013年度版　2013年6月30日　初版　第1刷発行）

2024年6月5日　初　版　第1刷発行

編著者　ＴＡＣ株式会社（FP講座）

発行者　多田敏男

発行所　ＴＡＣ株式会社　出版事業部（TAC出版）

〒101-8383
東京都千代田区神田三崎町3-2-18
電話　03（5276）9492（営業）
FAX　03（5276）9674
https://shuppan.tac-school.co.jp

印刷　株式会社　ワコー

製本　株式会社　常川製本

ISBN 978-4-300-11193-2
N.D.C. 338

資格の学校 TAC

魅惑のパーソナルファイナンスの世界を感じられる無料オンラインセミナーです！

「多くの方が不安に感じる年金問題」「相続トラブルにより増加する空き家問題」

「安全な投資で資産を増やしたいというニーズ」など、社会や個人の様々な問題の解決に、

ファイナンシャルプランナーの知識は非常に役立ちます。

長年、ファイナンシャルプランニングの現場で顧客と向き合い、

夢や目標を達成するためのアドバイスをしてきたベテランFPのTAC講師陣が、

無料のオンラインセミナーで魅力的な知識を特別にお裾分けします。

とても面白くためになる内容です！

無料のオンラインセミナーですので、気軽にご参加いただけます。

ぜひ一度視聴してみませんか？　皆様の世界が広がる実感が持てるはずです。

皆様の**人生を充実させる**のに必要なコンテンツがぎっしり詰まった**オンラインセミナー**です！

参考　過去に行ったテーマ例

- 達人から学ぶ「不動産投資」の極意
- 老後に役立つ個人年金保険
- 医療費をたくさん払った場合の節税対策
- 基本用語を分かりやすく解説 NISA
- 年金制度と住宅資産の活用法
- FP試験電卓活用法
- 1級・2級本試験予想セミナー
- 初心者でもできる投資信託の選び方
- 安全な投資のための商品選びのチェックポイント
- 1級・2級頻出論点セミナー
- そろそろ家を買いたい！実現させるためのポイント
- 知らないと損する！社会保険と公的年金の押さえるべきポイント
- 危機、災害に備える家計の自己防衛術を伝授します
- 一生賃貸で大丈夫？老後におけるリスクと未然の防止策
- 住宅購入時の落とし穴！購入後の想定外のトラブル
- あなたに必要な保険の見極め方
- ふるさと納税をやってみよう♪ぴったりな寄付額をチェック

TACは何度も出題されるところを知り尽くしています！

OP オプション講座

1級直前対策パック（総まとめ講義６回＋模擬試験１回）

総まとめ講義

試験直前期に押さえておきたい最新の法改正などポイントを総ざらいした「総まとめテキスト」を使用します。
基礎編は出題範囲は広いものの50問しかないため、取りこぼしができません。過去の本試験の頻出論点もピックアップ。“サブロクチェック”で知識の再確認を行います。

応用編は、空欄補充問題と計算問題が中心となります。空欄補充問題で問われやすい論点の用語等のチェックと、計算問題の解法手順を演習を繰り返しながらマスターします。

模擬試験 ※自己採点（配布のみ）

本試験形式のTAC予想問題です。満点を取るまで繰り返し復習し、本試験に臨みましょう。

ひと目でわかるよう図表などを用いて重要論点をまとめています。

資金使途	住宅取得等資金＊1	教育資金	結婚・子育て資金
受贈者	20歳以上の者	30歳未満の者	20歳以上50歳未満の者
受贈者の合計所得金額	2,000万円以下＊2（贈与年）	1,000万円以下（前年）	1,000万円以下（前年）
非課税限度額	1,000万円（良質住宅1,500万円）	1,500万円（学校等以外500万円＊3）	1,000万円＊4（結婚費用300万円）
契約終了時の措置	―	残額は贈与税の課税対象＊5	残額は贈与税の課税対象
贈与者死亡時の措置	生前贈与加算の適用なし	残額は相続税の課税対象＊6	残額は相続税の課税対象

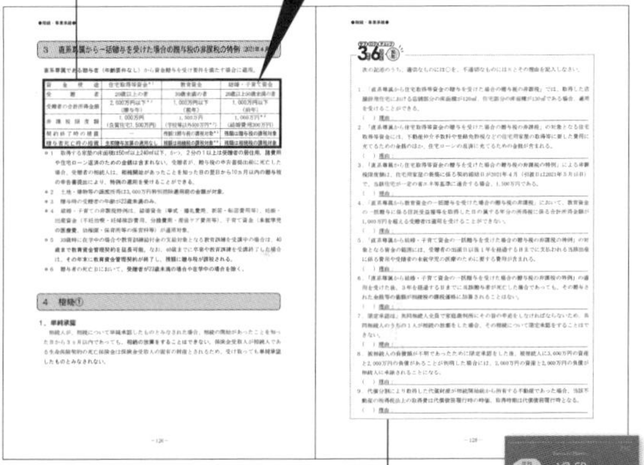

サブロクチェック 3年6回出た

過去３年間で６回以上出題されている論点をピックアップしたもので、効率よく知識の再確認ができます。

通常受講料

通学（教室・ビデオブース）講座	¥35,000
Web通信講座	¥35,000
DVD通信講座	¥40,000

※0から始まる会員番号をお持ちでない方は、受講料のほかに別途入会金（¥10,000・消費税込）が必要です。会員番号につきましては、TACカスタマーセンター（0120-509-117）までお問い合わせください。
※上記受講料は、教材費込・消費税込です。

コースの詳細、割引制度等は、TAC HPまたはパンフレットをご覧ください。

TAC FP 1級直前対策パック

ファイナンシャル・プランナー

TAC FP講座案内

TACのきめ細かなサポートが合格へ導きます！

合格に重要なのは、どれだけ良い学習環境で学べるかということ。
資格の学校TACではすべての受講生を合格に導くために、誰もが自分のライフスタイルに合わせて
勉強ができる学習メディアやフォロー制度をご用意しています。

入門編から実務まで。FPならTACにお任せ！

同じFPでも資格のレベルはさまざま。入門編の3級から仕事に活用するのに必須の2級（AFP）、
グローバルに活躍できる1級・CFP®まで、試験内容も異なるので、めざすレベルに合わせて効率的なプログラム、
学習方法で学ぶことが大切です。さらにTACでは、合格後の継続教育研修も開講していますので、
入門資格から実践的な最新知識まで幅広く学習することができます。

3級

金融・経済アレルギーを解消！

「自分の年金のことがよく分からない」「投資に興味はあるんだけど、どうしたらいいの？」「ニュースに出てくる経済用語の意味を実は知らない･･･」「保険は入っているものの･･･」など金融や経済のアレルギーを解消することができます。「この際、一からお金のことを勉強したい！」そんな方にオススメです。

2級・AFP

FPの知識で人の幸せを演出する！

就職や転職をはじめ、FPの知識を実践的に活かしたい場合のスタンダード資格が2級・AFPです。金融機関をはじめとした企業でコンサルティング業務を担当するなど、お客様の夢や目標を実現するためにお金の面からアドバイスを行い、具体的なライフプランを提案することもできます。「みんなが幸せに生きる手助けをしたい！」そんな夢を持った方にオススメです。

1級・CFP®

ビジネスの世界で認められるコンサルタントをめざす！

FP資格の最高峰に位置づけられるのが、1級・CFP®です。特にCFP®は、日本国内における唯一の国際FPライセンスです。コンサルタントとして独立開業する際に1級やCFP®を持っていると、お客様からの信頼度もアップします。「プロのコンサルタントとして幅広いフィールドで仕事がしたい！」そんな志を抱いている人は、ぜひ1級・CFP®を目指してください。

教室講座

ビデオブース講座

Web通信講座

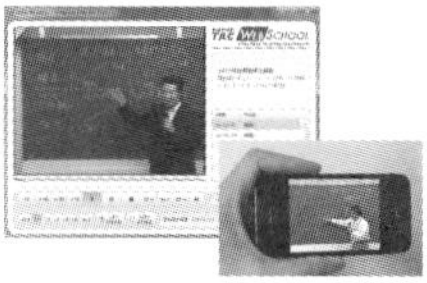

DVD通信講座

FP継続教育研修のご案内

合格後も知識をブラッシュアップ！

TAC FP講座では、FPに役立つ様々なテーマの講座を毎月開講しており、最新情報の入手に最適です。
さらに、AFP、CFP®認定者の方には継続教育単位を取得できる講座となっています。

最新情報！ TACホームページ https://www.tac-school.co.jp/ TAC 検索

FP(ファイナンシャル・プランナー)対策書籍のご案内

TAC出版のFP(ファイナンシャル・プランニング)技能士対策書籍は金財、日本FP協会それぞれに対応したインプット用テキスト、アウトプット用テキスト、インプット＋アウトプット一体型教材、直前予想問題集の各ラインナップで、受検生の多様なニーズに応えていきます。

みんなが欲しかった! シリーズ

『みんなが欲しかった! FPの教科書』
●1級 学科基礎・応用対策　●2級・AFP　●3級
1級：滝澤ななみ 監修・TAC FP講座 編著・A5判・2色刷
2・3級：滝澤ななみ 編著・A5判・4色オールカラー
■ イメージがわきやすい図解と、シンプルでわかりやすい解説で、短期間の学習で確実に理解できる! 動画やスマホ学習に対応しているのもポイント。

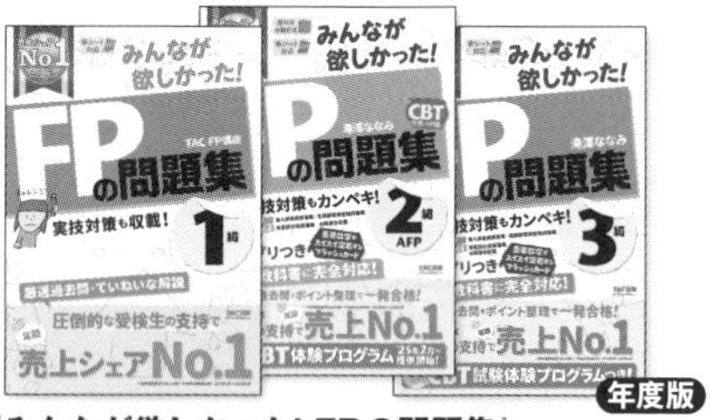

『みんなが欲しかった! FPの問題集』
●1級 学科基礎・応用対策　●2級・AFP　●3級
1級：TAC FP講座 編著・A5判・2色刷
2・3級：滝澤ななみ 編著・A5判・2色刷
■ 無駄をはぶいた解説と、重要ポイントのまとめによる「アウトプット→インプット」学習で、知識を完全に定着。

『みんなが欲しかった! FPの予想模試』
●3級　TAC出版編集部 編著
滝澤ななみ 監修・A5判・2色刷
■ 出題が予想される厳選模試を学科3回分、実技2回分掲載。さらに新しい出題テーマにも対応しているので、本番前の最終確認に最適。

『みんなが欲しかった! FP合格へのはじめの一歩』
滝澤ななみ 編著・
A5判・4色オールカラー
■ FP3級に合格できて、自分のお金ライフもわかっちゃう。本気でやさしいお金の入門書。自分のお金を見える化できる別冊お金ノートつきです。

わかって合格る シリーズ

『わかって合格る FPのテキスト』
●3級　TAC出版編集部 編著
A5判・4色オールカラー
■ 圧倒的なカバー率とわかりやすさを追求したテキスト!さらに人気YouTuberが監修してポイント解説をしてくれます。

『わかって合格る FPの問題集』
●3級　TAC出版編集部 編著
A5判・2色刷
■ 過去問題を徹底的に分析し、豊富な問題数で合格をサポート!さらに人気YouTuberが監修しているので、わかりやすさも抜群。

スッキリ シリーズ

『スッキリわかる FP技能士 』
●1級 学科基礎・応用対策　●2級・AFP　●3級
白鳥光良 編著・A5判・2色刷
■ テキストと問題集をコンパクトにまとめたシリーズ。繰り返し学習を行い、過去問の理解を中心とした学習を行えば、合格ラインを超える力が身につきます!

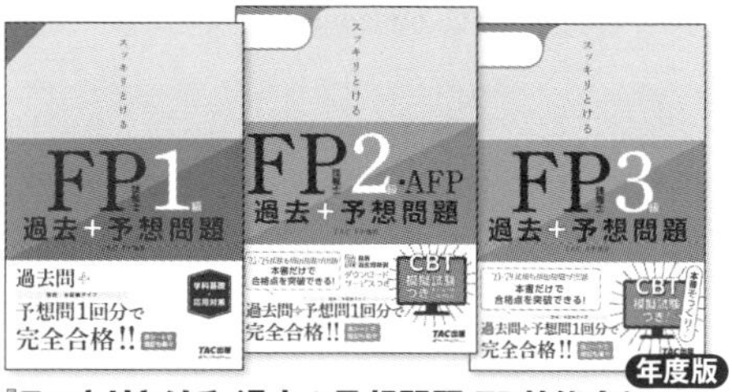

『スッキリとける 過去＋予想問題 FP技能士』
●1級 学科基礎・応用対策　●2級・AFP　●3級
TAC FP講座 編著・A5判・2色刷
■ 過去問の中から繰り返し出題される良問で基礎力を養成し、学科・実技問題の重要項目をマスターできる予想問題で解答力を高める問題集。

書籍の正誤に関するご確認とお問合せについて

書籍の記載内容に誤りではないかと思われる箇所がございましたら、以下の手順にてご確認とお問合せをしてくださいますよう、お願い申し上げます。

なお、正誤のお問合せ以外の**書籍内容に関する解説および受験指導などは、一切行っておりません。**
そのようなお問合せにつきましては、お答えいたしかねますので、あらかじめご了承ください。

1 「Cyber Book Store」にて正誤表を確認する

TAC出版書籍販売サイト「Cyber Book Store」の
トップページ内「正誤表」コーナーにて、正誤表をご確認ください。

CYBER BOOK STORE TAC出版書籍販売サイト

URL:https://bookstore.tac-school.co.jp/

2 1の正誤表がない、あるいは正誤表に該当箇所の記載がない ⇒ 下記①、②のどちらかの方法で文書にて問合せをする

★ご注意ください★

お電話でのお問合せは、お受けいたしません。
①、②のどちらの方法でも、お問合せの際には、「お名前」とともに、
「対象の書籍名(○級・第○回対策も含む)およびその版数(第○版・○○年度版など)」
「お問合せ該当箇所の頁数と行数」
「誤りと思われる記載」
「正しいとお考えになる記載とその根拠」
を明記してください。
なお、回答までに1週間前後を要する場合もございます。あらかじめご了承ください。

① ウェブページ「Cyber Book Store」内の「お問合せフォーム」より問合せをする

【お問合せフォームアドレス】

https://bookstore.tac-school.co.jp/inquiry/

② メールにより問合せをする

【メール宛先　TAC出版】

syuppan-h@tac-school.co.jp

※土日祝日はお問合せ対応をおこなっておりません。
※正誤のお問合せ対応は、該当書籍の改訂版刊行月末日までといたします。

乱丁・落丁による交換は、該当書籍の改訂版刊行月末日までといたします。なお、書籍の在庫状況等により、お受けできない場合もございます。
また、各種本試験の実施の延期、中止を理由とした本書の返品はお受けいたしません。返金もいたしかねますので、あらかじめご了承くださいますようお願い申し上げます。

TACにおける個人情報の取り扱いについて
■お預かりした個人情報は、TAC(株)で管理させていただき、お問合せへの対応、当社の記録保管にのみ利用いたします。お客様の同意なしに業務委託先以外の第三者に開示、提供することはございません(法令等により開示を求められた場合を除く)。その他、個人情報保護管理者、お預かりした個人情報の開示等及びTAC(株)への個人情報の提供の任意性については、当社ホームページ(https://www.tac-school.co.jp)をご覧いただくか、個人情報に関するお問い合わせ窓口(E-mail:privacy@tac-school.co.jp)までお問合せください。

(2022年7月現在)